시장을 이기는
개미의 주식투자

시장을 이기는 개미의 주식투자

2020년 7월 6일 초판 1쇄 발행

지은이   송동근
펴낸이   김남길
펴낸곳   프레너미
등록번호   제386-251002015000054호
등록일자   2015년 6월 22일
주소   경기도 부천시 소향로 181, 101동 704호
전화   070-8817-5359
팩스   02-6919-1444

프레너미는 친구를 뜻하는 "프렌드(friend)"와 적(敵)을 의미하는 "에너미(enemy)"를 결합해 만든 말입니다.
급변하는 세상속에서 저자, 출판사 그리고 콘텐츠를 만들고 소비하는 모든 주체가
서로 협업하고 공유하고 경쟁해야 한다는 뜻을 가지고 있습니다.
프레너미는 독자를 위한 책, 독자가 원하는 책, 독자가 읽으면 유익한 책을 만듭니다.
프레너미는 독자 여러분의 책에 관한 제안, 의견, 원고를 소중히 생각합니다.
다양한 제안이나 원고를 책으로 엮기 원하시는 분은 frenemy01@naver.com으로 보내주세요.
원고가 책으로 엮이고 독자에게 알려져 빛날 수 있게 되기를 희망합니다

시장을 이기는 개미의 주식투자

송동근 지음

프레너미
FRENEMY PUBLISHING

승리자가 되기 위한 기본적인 과정과 지침

대부분의 개인투자자가 주식시장에 들어왔다가 그다지 좋지 못한 결과를 남기고 떠난다. 결과적으로 주식투자에 성공한 사람들은 많지 않다. 첫 번째 이유는 목적의식의 부재이다. 투자자를 만날 때마다 왜 주식투자를 하는지 물어보면 예나 지금이나 제일 많이 하는 답은 "돈이나 좀 벌어 볼까 해서"이다. 그 다음으로 많이 하는 말이 "본전 찾으려고"이며, 그 다음은 "빚 갚으려고"이다.

이 답변들을 자세히 보면 저절로 정리가 된다. 처음에 '돈이나 좀 벌어 볼까 해서' 주식투자에 뛰어들었다가 손해가 나자 '본전 찾으려고' 손을 떼지 못한다. 그러다 만회하기 어려워지면 결국 돈을 빌려서까지 투자한다. 그마저 손해를 보면 이제는 '빚 갚으려고' 투자를 하는 몰락의 길을 걷는다. 그리고 나면 "다시는 주식 안 할 거야" 하게 되는 것이다.

주식시장이 활황일 때는 주변에서 "누가 어디에 투자해서 엄청난 돈을 벌었다더라" 하는 이야기가 많이 들린다. 신문이나 매체에서도 300만 원으로 80억 원을 벌었다느니, 2000만 원으로 300억 원을 벌었다느니 하는 뉴스가 심심치 않게 들려온다. 초보투자자는 이러한 성공사례를 여과 없이 받아들이기 쉽다. 자신도 할 수 있겠다는 자신감마저 갖게 된다. 그렇게 얼떨결에 주식에 뛰어들어 손해를 보고, 원금이 아까워 팔지도 못한 채 빌린 자금의 이자를 갚아야 하는 상황에 처하게 된다. 주식투자를 했다가 지금은 그만두었다는 한 20대 투자자의 말을 들어 보자.

"친구가 많이 벌었다는 말에 나도 할 수 있겠지 하고 섣불리 뛰어들었다가 그동안 아르바이트하며 모은 돈을 다 날려 버렸어요. 큰돈은 아니지만 내 전 재산이었는데……. 내가 다시 주식을 하면 사람이 아닙니다."

위의 투자자처럼 성공한 사람의 보이지 않는 노력과 리스크 관리는 무시한 채 오로지 대박만을 좇다 보면, 대개의 경우 투자는 실패로 끝나고 만다.

현직에서 은퇴한 50대 역시 주식투자를 많이 한다. 퇴직금으로 제일 손쉽게 할 수 있는 것이 주식투자이기 때문이다. 오랜 직장생활로 재무제표 보는 법이나 기본적인 투자 상식은 알고 있고, 1980~1990년대에 주식이나 우리사주를 보유해 본 경험도 있다. 하지만 그가 하는 일이라곤 하루 종일 단말기 앞에 앉아 있는 것이 전부이다. 간혹 다른 일을 보러 외출이라도 하면 시세 변화가 궁금해 견딜 수 없다. 그렇게 매달리지만 그렇다고 딱히 돈이 벌리는 것도 아니고 오히려 손해만 보기 일쑤다. 아무것도 안 하는 것이 더 나을 뻔했다는 볼멘소리가 나오기도 한다. 주변을 둘러보면 말을 안 해서 그렇지 이런 투자자가 의외로 많다.

대부분의 초보투자자는 앞의 사례처럼 준비가 안 된 상태에서 성급하게 투자에 뛰어든다. 이 상황은 마치 면허증도 없는 초보운전자가 새 차를 뽑아서 대로에 나가 운전을 하는 것과 같다. 초보운전자는 아마 바로 접촉사고를 내거나 운이 나쁘면 큰 사고를 낼 것이다. 다행히 운이 좋아 사고가 안 나면 '자동차 운전이라는 게 별거 아니구나'라고 생각하고 다음 날은 차를 몰고 고속도로에 나갈지도 모른다. 이 경우 대형 사고는 예정되어 있는 것이나 다름없다. 현실적으로 이렇게 차를 몰고 길을 나서는 사람은 없다. 교통법 위반일 뿐 아니라 무모한 일임을 알기 때문이다.

하지만 주식투자 세계에서는 이런 일이 비일비재하게 일어난다. IT가 발달해 인터넷으로 쉽게 주식투자를 할 수 있게 되었을 뿐 아니라, 금융기관에서 돈을 빌려 투자하는 것도 예전보다 훨씬 용이해졌기 때문이다. 투자에 대한 충분한 지식 없이도 주식투자를 시작하는 것이 가능한 시대인 것이다. 주식투자를 하는 데는 면허가 필요 없으니 불법도 아니다. 그래서 주식시장에서는 많은 초보자가 비포장도로를 갔다가 고속도로도 갔다가, 자신이 무엇을 하는지 어디를 가는지도 모르고 운전을 하고 다닌다. 이런 식의 행동에 대한 결과는 앞에서 이미 이야기했듯 초보투자자 자신이 고스란히 떠안게 된다.

하지만 아직도 많은 투자자가 이런 패턴으로 투자를 하면서 당장 투자할 만한 종목을 찾기 바쁘다. 그렇다면 초보투자자가 수익을 내기 위해서는 어떤 준비가 필요할까?

그것은 바로 자신만의 투자방식을 갖는 것이다. 모든 기관투자자는 그들만의 투자 가이드라인이 있다. 개인투자자 중에서도 투자의 고수라는 사람을 만나 보면 자신만의 방식을 갖고 있다는 것을 알게 된다. 다만 그것을 정리해 놓고 투자하는지, 자신의 머릿속에 저장해 두고 투자하는지의 차이만 있을 뿐이다. 그들은 자신만의 투자방식을 오랫동안 실행해 보고 시행착오를 거쳐서 검증했을 것이다. 결국 '되는 대로' 투자를 해서는 결코 돈을 벌 수 없다는 뜻이다.

이제 이 책에서 어떤 이야기를 할지 감이 잡혔을 것이다. 이 책은 투자하기 좋은 종목을 찍어주거나 어떤 방법으로 하라고 제시하지 않는다. 다만, 시장이 어떻게 움직이는지를 이야기하고, 다른 투자자는 어떠한 방식으로 투자에 실패하고, 성공했는지 최대한 많은 사례를 준비했다. 그리고 여러분만의 투자방식을 만드는 데 무엇을 고려해야 하는지, 자신의 소신을 지키기 위해 어떤 심리적인 변화를 살펴야 하는지를 총 7단계에 걸쳐 이야기하고 있다.

주식시장은 기업의 가치와 주식을 사고파는 투자자의 심리가 서로 얽히고설켜 형성된다. 기업의 옥석을 가리고 투자자의 심리 변화를 읽을 수 있는 자가 결국엔 승리한다. 이 책은 시장의 승리자가 되기 위한 기본적인 과정을 담았다. 이 책을 통해 시장을 바라보는 시야가 넓어지길 바란다.

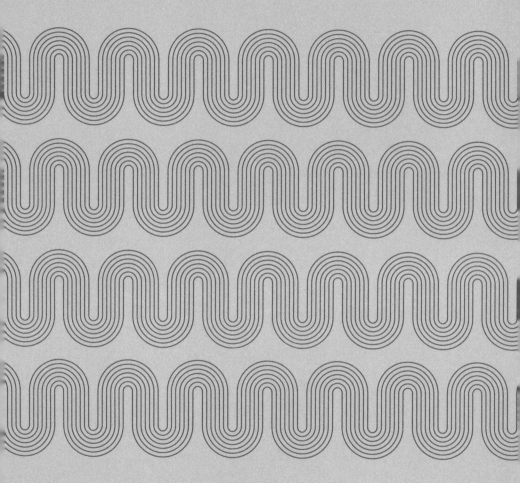

주식시장은
어떻게 움직이는가

무엇이 주가에 영향을 주는가

주식투자를 할 때 모든 것에 앞서 알아야 할 것이 있다. 바로 무엇이 주가에 영향을 주느냐이다. 이것만 알면 가격이 올라갈 주식을 미리 사둘 수 있고 반대로 내려갈 주식은 피할 수 있다.

주식투자란 주식시장에서 주가가 어떻게 결정되는가를 아는 것이다. 하지만 정작 시장과 시장 참여자 즉, 투자자들이 형성한 주가는 그렇게 합리적이지 않다. 좋은 회사의 주가가 반드시 높은 것도, 그렇지 못한 회사의 주가가 꼭 낮은 것도 아니다. 좋은 회사의 기준은 무엇인가? 수익가치가 높은 회사인가, 자산가치가 높은 회사인가? 어느 쪽 회사의 주가가 높아야 하는가? 현재 좋은 평가를 받고 있는 회사와 지금은 저평가되어 있지만 앞으로 좋아질 회사의 가치는 어떻게 주가에 반영되는가? 개인투자자로서 몇 백 주 보유하는 것과 경영진을 좌지우지할 정도의 지분을 갖고 있는 것 중 시장에 영향을 미치는 파급력은 어느 쪽이 더 클 것인가? 이렇듯 많은 변수가 주식시장에 영향을 주며, 이로 인해 주가는 길을 잃고 헤매기도 한다.

한 기업의 주식 가격을 움직이는 데 영향을 주는 요인에는 무엇이 있을까? 기본적으로 기업이 보유하고 있는 자산, 현금 흐름, 매출, 순이익, 핵심 기술 등의 요인을 들 수 있다. 제조회사인 경우에는 주요 원자재의 국제가격 동향, 향후 원자재 가격을 좌우할 국제 정세, 클라이언트의 구매 전망도 중요하다. 기업의 주 고객이 일반 소비자라면 시장 변화에 대한 민감도, 고객의 니즈에 부합하는 신상품 개발 사이클도 기업을 평가하는 데 중요한 요인이 된다. 현재 주식시장이 상승세인지 하락세인지도 살펴볼 필요가 있다. 한 기업의 주가 움직임은 전체 주식시장의 움직임에서 벗어나기 힘들기 때문이다. 아무리 자신이 투자하는 회사의 실적이 전년 대비 두 배가 됐더라도 실적이 발표되는 날 북한이 핵실험이라도 한다면 주가는 곤두박질칠 수 있다.

필자의 지인 이야기이다. 평소 알고 지내던 후배들이 작은 회사를 설립해 운영하던 중 단기적인 자금 문제가 생겨 선배인 A에게 투자를 부탁했다. 회사의 기술적인 면이나 사업 모델이 괜찮아 보였고 워낙 오래 알고 지내던 후배들이었기 때문에 A는 회사 지분의 10퍼센트인 1억 원을 투자하였다. 2~3년이 지나자 회사는 위기를 잘 넘겨 승승장구하더니 1년 매출액 100억 원, 당기순이익 10억 원이 넘는 수준의 기업이 되었다. 현재 당기순이익이 10억 원이면 일상적인 수준의 주가수익비율^{PER} 10배만 적용해도 회사 가치(시가총액)는 100억 원에 해당한다. A의 지분이 10퍼센트이니 1억 원이었던 투자금액이 10억 원이 된 것이다. 2~3년 사이의 투자수익으로는 엄청난 금액이다.

그러던 어느 날 갑자기 개인적으로 자금이 필요하게 된 A는 자신의 지분을 되사줄 것을 요구했다. 하지만 후배들에게서 돌아온 대답은 지분을 되사길 원한다면 은행 금리 정도밖에 쳐줄 수 없다는 것이었다. 싫다면 비상장 주식을 거래하는 사이트에서 알아서 팔라고 했지만 워낙 알려지지 않은 회사라 비상장주 거래 사이트에서조차 거래가 없었다. A가 가진 주식의 가치는 1억 원에 2~3년 치 이자를 더한 게 맞을까, 아니면 10억 원이 맞을까?

선후배 사이였던 지인의 경우야 대화를 통해 합의할 수 있을 것이다. 선배는 "지분이 제삼자에게 간다면 너희 경영에도 영향을 미칠 수 있어. 복잡한 문제가 생길 수도 있으니 3년 전 나의 성의를 봐서라도 적정한 수준에서 되사줬으면 좋겠어"라고 말할 수 있다. 이에 후배들이 "선배님 그때 일은 정말 감사드리지만 지금 저희가 그런 돈이 어디 있습니까. 갑자기 그런 돈을 요구하시면 우린 다시 위기를 겪을지도 몰라요. 우리 회사가 이대로 2년 정도만 더 좋은 모습을 보여 주면 상장할 수 있다고 증권사에서 이야기하니 그때까지 다른 데서 자금을 융통하시고 상장 후에 팔도록 하세요. 부탁합니다"라고 한다면 협상에는 별 문제가 없을 것이다. 서로 오랜 친분과 믿음이 있기 때문이다.

그러나 주식시장에서 활동하는 매매자 대부분은 투자하는 회사와 친분 관계가 아니고, 1인도 아니며, 더구나 회사에 대한 믿음을 가지고 있는지도 미지수이다. 이러한 사람들에 의해 주가가 결정되는 곳이 바로 주식시장이다.

여기서 우리는 주식시장을 단순화할 필요가 있다. 개인투자자가 주가에 미치는 모든 변수를 통제할 수 없으며, 모든 정보를 얻기는 더욱 요원한 일이기 때문이다. 따라서 근본적으로 주가에 영향을 미치는 요인이 무엇인지를 찾고, 그 요인을 집중적으로 관찰하여 투자에 적용하는 것이 한정된 정보를 얻을 수 있는 개미투자자의 투자법일 것이다. 이 책에서는 주식시장에서 움직이는 여러 요인 중 몇 가지 요인을 집중적으로 연구하고 자신만의 투자전략을 짜는 방법을 제시하고자 한다. 시장이 이럴 때 어떤 종목을 사고팔라고 이야기하는 대신 자신만의 매매기준을 세우는 방법에 대해서 다각도로 이야기할 것이다.

왜 내가 사면 오르고 팔면 떨어질까

사람들은 대개 주식에 직접 투자하는 것을 부담스러워한다. 일일이 신경 쓰기도 싫고 행여 손해라도 본다면 감당이 안 된다고 생각한다. 그러나 어떤 환경만 조성되면 쉽사리 투자에 나서는 것이 사람들의 습성이기도 하다. 여기엔 손실을 극도로 싫어하는 심리가 밀접하게 연관되어 있다.

한 심리학자가 사람들이 일정 금액의 이익을 얻었을 때의 만족감이 1이라면 같은 금액을 손해 보았을 때의 불만족감은 2~3배임을 밝혀냈다. 실험 내용은 사람들에게 동전을 던져서 앞뒷면이 나오는 것에 따라 10만 원을 걸고 내기를 하자고 권유하며 사람들의 반응을 조사한 것이다. 대부분은 "이런 도박에 응할 의향이 없다.

불필요한 스트레스도 싫고 마음의 준비도 되어 있지 않다"고 답했다. 어떤 조건이면 게임에 응하겠냐고 사람들에게 다시 물었다. 그러자 많은 사람이 질 때는 10만 원을 내고, 이길 때는 평균 23만 원을 받는 조건이라면 한번 고려해 보겠다고 답했다. 평소 내기를 즐겨 하지 않는 평범한 사람이라도 이기고 질 확률이 서로 같은데 받는 금액이 주는 금액의 2.3배라면 동전을 던져 보겠노라고 답한 것이다. 손해를 이익보다 2.3배 정도 더 크게 느낀다는 뜻이다. 그만큼 우리에겐 손해를 특히 더 싫어하는 경향이 있다.

　이 세상에 손해를 달가워하는 이는 당연히 없을 것이다. 다만 이익의 즐거움보다 손해의 괴로움이 몇 배 더 크다는 것이 문제가 된다. 이런 경향은 우리가 언제 투자에 뛰어드는지, 왜 그런지에 대한 중요한 단서를 제공한다. 앞의 동전 던지기 사례와 마찬가지로 사람들은 손해 보는 것 대비 2~3배의 이익을 볼 수 있을 때에야 비로소 투자를 한다.

　그 시기는 언제일까? 바로 주가 상승기, 즉 강세장이다. 매일매일 자고 일어나면 주가가 오르는 시기는 사람들에게 23만 원 대 10만 원의 내기처럼 보인다. 평소 투자할 용기가 없던 사람도 큰맘 먹고 뛰어드는 때이며, 주식투자의 부담을 떠안지 않으려는 사람도 선뜻 나서게 되는 유혹의 계절이다. 손해날 가능성이 이익을 볼 가능성보다 엄청 낮으므로 투자를 안 할 이유가 없다. 문제는 이다음이다.

주식시장은 항상 변화하기 때문이다. 사람들이 너도나도 주식시장에 뛰어드는 시기는 사계절에 비유하면 겨울이나 초봄이 아닌 한참 더위를 느끼는 초여름 이후이다. 뒤늦게 뛰어든 이들은 잠시 한여름을 즐기기도 하지만 곧이어 가을과 겨울의 찬바람만 맞게 된다. 이것이 손해를 싫어해서 안정성만 따지다가 겪게 되는 가장 큰 투자의 함정이다. '밀짚모자는 겨울에 사라'는 말이 투자 격언이 된 것도 다 이런 이유 때문이다.

실제로 수많은 투자자가 사람이 모이면 투자하고 그러다 시장이 하락하면 후회하는 일을 반복한다. 투자를 시작하면 그때서야 반짝 주식을 연구하다 조금이라도 주가가 떨어지면 장기투자를 선언한다. 주식에서 손을 떼는 비자발적 장기투자자의 대열에 서게 되는 것이다.

반대로 주가가 바닥권일 때는 어떻게 대응할까? 이때는 모두 주가 하락으로 받은 아픈 상처와 공포로 별다른 행동을 취하지 못하고 패닉 상태에 빠진다. 그러다가 손해나서 물려 있는 주식을 본전만 되면 되팔겠다는 굳은 의지를 다지고, 주식시장이 다시 상승세로 돌아서서 본전을 찾게 되면 바로 환매하여 손해 보지 않은 것에 안도의 한숨을 쉰다. 하지만 주가는 그 이후에도 계속 상승할 가능성이 크다. 저점을 찍고 올라오면 한동안 상승세를 유지하는 것이 주식시장의 전형적인 패턴이기 때문이다. 손을 털고 나온 투자자는 이렇게 말한다. "내가 사면 떨어지고, 팔면 오른다"고. 이것이 바로 손해를 극도로 기피하는 성향이 만들어낸 웃지 못할 희극이다.

투자심리를 알면 시장의 흐름이 보인다

주식투자를 한다는 뜻은 곧 투자자가 투자할 대상을 결정한 다는 뜻이다. 그런데 투자자가 사람인 이상 결정을 함에 있어서 심리적인 요인은 큰 영향을 미칠 수밖에 없다. 때문에 투자자의 투자심리는 거품을 형성하기도 하고, 폭락을 조장하기도 하는 등 장세 변화에 큰 요인이 된다. 시장을 배우기 전에 투자심리를 먼저 알아야 하는 이유가 이 때문이다.

기본적으로 인간의 마음은 이성과 감정 사이를 오가는데 투자를 결정할 때도 예외는 아니다. 그래서 같은 투자 결정이라도 주변의 사소한 변화로 판단이 흐려지는 일이 종종 일어난다. 비슷한 조건인데도 어떤 때는 주식에 투자하고 어떤 때는 투자를 회수하는 설명할 수 없는 이상한 결정을 내리는 것이다.

　외국의 어느 잡지사에서 재미있는 실험을 했다. 구독자를 대상으로 '잡지를 1년간 구독하는데 온라인으로만 구독하는 조건이 49달러 99센트, 온라인과 오프라인(종이 잡지)을 함께 받아 보는 조건은 119달러 99센트라면 어느 조건을 선택할 것인가?'라는 질문을 던진 것이다. 결과는 젊은층의 경우 70퍼센트가 온라인만 구독하는 조건을 선호했다고 한다.

　이번엔 이들과 비슷한 배경의 다른 젊은이들을 대상으로 조건을 조금 바꾸어 다시 물었다. 위의 두 조건은 그대로였지만 오프라인으로만 구독할 경우 119달러 99센트라는 조건이 추가되었다. 이렇게 세 가지 경우의 선택지에서 사람들은 어떤 결정을 내렸을까?

　첫번째 질문에서는 자신이 원하는 것을 명확하게 고를 수 있었는데 두 번째 질문에서 세 조건을 모아놓고 보면 상황이 달리 보일 것이다. 새로 추가된 오프라인만의 조건이 119달러 99센트인데, 오프라인과 온라인을 동시에 구독하는 조건도 119달러 99센트라는 것이 눈에 띤다. '오프라인으로 구독하면 온라인이 공짠데 온라인은 49달러 99센트라니'라는 생각과 함께, 온라인만 구독하는 것은 바보 같은 선택이라고 느껴질 것이다. 결국 두 번째 질문에서는 80퍼센트의 사람이 온오프 동시 구독을 선호했고, 나머지 20퍼센트가

온라인을, 새로 추가된 오프라인만의 구독은 단 한 건도 없었다고
한다.

오프라인만을 구독하는 조건의 등장으로 사람들은 기존의 조
건과 비교하게 되었고 이 때문에 더 비싼 온오프 구독으로 몰린 것
이다. 잡지사로서는 매출이 늘어났지만 구독 신청자로서는 애당초
자신이 예상했던 것보다 더 큰 지출을 하게 되었다. 애초에 원하던
온라인 구독만을 고수하는 것이 합리적인 판단임에도 오프라인만
의 조건 즉, 더미dummy 옵션의 등장으로 판단이 흐려진 것이다. 마케
팅전문가는 이런 것을 많이 연구한다. 아무 의미도 없어 보이는 조
건을 덧붙여 구독자들의 감정을 흔들고 매출을 올리는 아이디어를
만드는 것이다.

이러한 현상은 투자 세계에서도 매우 자주 일어난다. 물론, 누
군가가 인위적으로 시장 전체를 흔들지는 않지만 여러 가지 자생적
인 변수에 의해 투자자의 마음은 항상 갈대처럼 흔들리며 엉뚱한
판단을 하곤 한다. 따라서 자신이 언제라도 이러한 심리적인 잘못
을 할 수 있다는 점을 인정하는 것만으로도 투자 결정에 유리할 것
이다.

또한 인간은 기본적으로 무리생활을 하는 동물이니 만큼 군중
심리를 제대로 이해하는 것도 중요하다. 인간의 무리생활에 대한

본능은 매우 강하다. 무리생활을 하는 동물은 남이 먹으면 나도 먹어야 하고 남이 잠을 자면 나도 자야 한다. 남이 하지 않는 행동을 하면 무리에서 도태된다.

주식투자에서도 이런 습성이 나타난다. 남이 투자하면 나도 투자하고 싶고 남이 돈을 벌면 나도 벌고 싶다. 그래서 주식시장이 활황일 때는 투자로 큰돈을 번 사람들의 투자 무용담에 누구나 주식에 뛰어든다. 하지만 그때는 이미 대부분의 주식이 고점을 찍었을 확률이 높다. 반면 주식시장의 침체기에는 모두가 외면한다. 투자자는 너무 오래 투자금 대비 마이너스 상태이기 때문이고, 비투자자는 뉴스나 매체에서 주식시장이 나쁘다는 이야기만 듣기 때문이다. 남들이 다 외면 하니 나도 외면하는 것이다.

잊지 말아야 할 것은 경제가 좋아졌다 나빠졌다 하듯 주식시장도 좋아졌다 나빠졌다를 반복한다는 것이다. 경기가 최악일수록 불황이 더욱 심해질 것처럼 느껴지듯이 주식시장 역시 같은 현상이 반복된다. 정확히 바닥을 알려 주는 지표는 없다. 지나고 나면 '아! 그때가 바닥이었구나' 하는 정도이다.

이와 같은 기본적인 심리적 성향들 외에도 세부적으로 들어가면 인간은 더욱 다양한 형태의 심리적 성향을 가지고 있다. 다른 사람의 심리까지는 아니더라도 자신의 심리 상태를 유심히 살피고 조절할 수 있다면 투자를 결정하는 데 있어서 조금 더 냉철해질 수 있을 것이다.

치열한 시장에서
살아남는 자는 누구인가

매일 신문이나 인터넷을 통해 나오는 주가 동향을 보면서 무엇을 느끼는가? 내가 생각했던 주식이 오르면 기회를 놓쳤다는 생각에 아쉬울 때가 있을 것이다. 그럴 때는 '나도 투자나 한번 해 볼까' 하는 생각도 하게 된다.

그러나 주식시장은 폭락과 폭등이 반복되는 치열한 전쟁터와 같다. 이곳에서 살아남은 투자자는 어떤 사람들일까? 그들은 자신의 수익률을 자랑하듯 떠벌리지 않으며, 자신이 투자한 종목을 사라고 사람들을 부추기지도 않는다. 그들은 외국기관일 수도 국내기관일 수도 있고, 상장기업 대주주일 수도 있고, 전통적인 큰손일 수도 있고, 인터넷에서 유명세를 타는 재야의 고수일 수도 있다. 한 가지 분명한 것은 그들의 숫자는 많지 않으나 주식시장에서 차지하는 투자금액의 반 이상을 차지한다는 것이다. 주식시장이 폭락하면 많은 투자자가 손해를 보고 한숨을 쉬지만, 고수는 오히려 이 순간을 기다린다.

그래서 투자를 시작한 지 얼마 되지 않은 투자자는 특별한 내공을 갖지 않은 이상 그들을 상대로 경쟁하며 투자하기 힘들다. 투자에 대한 그들의 집중력은 상상을 초월한다. 하루 종일 주가 움직임을 보고 기업을 분석하며 저녁에는 유럽시장, 뉴욕시장을 체크하고, 다음 날 새벽 뉴욕시장과 세계뉴스를 확인한다. 투자에 관한 한 많은 공부와 경험으로 똘똘 뭉친 전문가이다. 온종일 주식투자만 생각하고 주말에도 주식시장과 주가 생각이 그들의 머릿속을 떠나지 않는다. 이러한 투자자들이 사실상 주식시장을 장악하고 있다. 그들은 투자의 성공을 위해서는 어떠한 일도 할 수 있고 해 본 적이 있는 사람들이다.

지점에 차장으로 근무하던 시절, 큰손이던 50대의 김 모 여사가 지점을 방문했다. 처음 본 중년의 남자분과 함께였다. 상담 중에 김 여사는 대뜸 내 생년월일시를 묻는 것이었다. 얼떨결에 알려 주고 그날 상담을 마쳤는데, 오후에 김 여사는 내가 관리하던 주식을 몽땅 다른 증권회사의 지점으로 넘겨 버렸다. 갑자기 거래를 끊은 것이다. 놀라서 바로 전화를 걸어 물어보니 건강상의 이유로 당분간 주식을 묻어 놓고 쉬겠다는 답이 돌아왔다.

그러나 나중에 다른 손님을 통해 김 여사가 데려 왔던 중년남자가 청담동의 유명한 점쟁이임을 알게 되었다. 그러니까 김 여사는 그해 내 운세를 보고 내 운이 좋으면 나를 통해 주식을 거래하고 내 운세가 나쁘면 상대적으로 운세가 좋은 다른 회사 직원에게 맡기려 했던 것이다. 너무나 어처구니가 없었다. 웃어넘길 이야기로 치부할 수 있지만 이 이야기로 우리가 알 수 있는 한 가지는, 점이 미신인지 아닌지를 떠나 이 정도로 투자에 신경을 쓰고 전념하는 투자자가 알게 모르게 많다는 것이다.

신문이나 매체 혹은 소문에서는 주식을 조금 공부한 초보투자자가 연습 삼아 투자를 했더니 이익을 봤다는 류의 이야기가 많다. 필자 역시 1980년대 증권회사에 취직하기 전에 증권사 직원에게서 추천받아 모 그룹의 주식에 투자한 적이 있다. 처음 한 달 정도는 전혀 움직임이 없던 주식이 갑자기 보름 새에 35퍼센트가 상승했다. 그때 필자는 투자에 자질이 있다고 생각했고 그런 경험이 음으로 양으로 증권회사에 취직하게 된 동기가 되었다. 그 후론 어땠을까? 가시밭길이었다는 표현이 맞을 것이다. 초보의 운은 처음 한 번뿐이다. 결국 투자 성공의 길은 연구하는 것밖에 없다. 그것이 승률을 높이는 가장 확실한 방법이다.

영원한 우량기업은 없다

1960년 초 핀란드의 작은 마을에 살던 한 할아버지는 노키아 주식 760주를 마을을 위해 써 달라는 유언을 남기고 죽는다. 대신 주식은 절대로 팔지 말고 배당금으로 마을 노인들을 도우라고 했다. 주식은 당시 시세로 약 1300만 원 정도였다. 물론 적은 돈은 아니었지만 아주 큰돈도 아니었다. 그리고 40년의 세월이 흘렀다. 그 사이 노키아는 세계적인 통신업체가 되었고, 주식은 무려 3000배가 올랐다. 배당금만으로도 마을 노인들은 부자가 되었다.

이 이야기는 경영학에서 자주 회자되는 일화로 경영 패러다임의 변화를 따라간 노키아에 투자해 장기간에 걸쳐 대성공을 이룬 사례이며, 장기투자가 좋다고 주장할 때 많이 인용되는 사례이기도 하다. 그러나 21세기의 기업 환경은 20세기의 그것과는 사뭇 다르다. 영원한 우량기업도 불량기업도 없다지만 영원한 우량기업만 없다는 표현이 더 맞을 거 같다.

한 때 세계 최고의 게임업체로 이름을 날리던 닌텐도는 2009년 회계연도에 2조 9000억 원의 실적을 기록했다. 하지만 그로부터 불과 3년 후에 6000억 원대의 적자를 내고 만다. 엔화 강세로 수출이 어려워졌다는 것 등이 표면상의 이유였지만 보다 근본적인 이유는 스마트폰 보급에 의해 모바일 게임에 밀렸다는 것이 맞을 것이다. 게임산업의 구조로 보아 닌텐도가 다시 2009년 수준의 영화를 누리기란 쉽지 않아 보였다. 그후 닌텐도는 신형 게임기 스위치를 개발과 최근의 코로나19사태등으로 다시 나아졌다.

닌텐도의 경우에는 명성을 잃기도 하고 되찾기도 하였으나 일방적으로 하향세를 겪는 기업이 대체로 더 많다. 소니가 그랬고 노키아, 코닥도 마찬가지이다. 급격하게 발전하는 기술과 그에 따른 고객의 니즈 변화를 따라가지 못한 것이다. 이렇게 모든 기업이 아이디어와 스피드로 승부하는 마당에 꾸준히 이익을 내는 우량기업이란 개념은 무색해져 버렸다. 막연한 장기투자로 성공하기가 예전보다 훨씬 어려워졌다는 뜻이다. 따라서 이전 시대에 대성공했던 장기투자 전략이 21세기에는 어떤 식으로 변할지 생각해 볼 필요가 있다. 그것이 우리에게 주어진 과제이다.

투자 패러다임이 바뀔 때 기회인가, 위기인가

예전이나 지금이나 주식시장에는 큰 투기적 시세분출이 있어 왔다. 이러한 과거 현상을 알아 두면 앞으로 투자할 때도 많은 도움이 되리라 생각한다.

1990년 말 당시로서는 획기적인 인터넷 무료 국제전화 서비스인 다이얼패드를 선보인 새롬기술은 일약 벤처 신화의 주인공이 된다. 1999년 중반 2500원 하던 주가는 6개월 만에 110배인 30만 원까지 폭등한다. 시가총액 2조 4000억 원, 현대차나 포스코와 맞먹는 초대형 주식이 된다. 하지만 거품은 곧바로 꺼지고 말았다. 회사의 수익모델이 약했기 때문에 실적이 따라주지 않았고, CEO의 분식회계, 경영권 분쟁까지 이어져 주식은 휴지 조각으로 변했다. 새

롬 신화는 이렇게 막을 내린다. 새롬기술은 일례일 뿐 당시 수익 기반이 전혀 없던 IT, 인터넷기업 주식들은 대부분 이러한 폭등과 폭락의 소용돌이에 휩싸였다.

이와 같은 투기적 시세분출이 일어나는 이유는 무엇일까? 단적으로 말하면 투자자들의 군중심리 때문이다. 투기적 시세분출은 산이 높았던 만큼 골도 깊어 이때 멋모르고 뛰어든 투자자는 큰 손실을 입었다. 이렇듯 투기적인 큰 시세가 발생할 때 투자자들의 대응 심리를 알면 그로 인한 피해를 막을 수 있고 오히려 그것을 이용할 수도 있다.

이러한 현상은 대체로 새로운 투자 패러다임이 나왔을 때 나타난다. 즉, 이러한 시류에 편승하면 큰 기회가 된다. 이는 투자 기준이었던 적도 있고, 구체적인 대상이었던 적도 있다. '태양 아래 새로운 것은 없다'고 했던가. 그동안 완전히 잊혔던 것, 있어 왔지만 조금 변화를 준 것, 이러한 것들이 투자자들 앞에 새롭게 대두될 때를 주의해야 한다.

투자자들은 지난 십여 년 동안 다양한 투자테마와 새로운 형태의 투자가 등장하는 것을 보아 왔다. 이런 투자에서 이익을 본 투자자도 많지만 막연한 환상을 좇아 막무가내로 뛰어든 투자자들은 썩 좋은 결과를 보지 못했다. 최근에는 5G나 전기차, 2차 배터리 등의 테마에 투자자의 관심이 있다. 이런 테마에 대한 심층 스터디를 하여 이해도를 높일 필요가 있다. 왜냐하면 이런 큰 테마는 끊임없이 우리의 투자심리를 흔들 수 있기 때문이다.

또 한 가지 기억할 것은 역사적으로 한 번 분 바람이 다시 분 적은 거의 없다는 것이다. 만약 다시 투자 붐이 일어난다면 이는 새로운 테마의 것이어야만 가능할 것이다.

시장이 알리는 경고음에 귀 기울여라

주식시장은 기업으로 보면 경기민감형이라 할 수 있다. 보통 경기가 제일 좋을 때는 그때가 정점이라 할지라도 장밋빛 전망이 만연하게 된다. 만약 사람들이 곧 경기가 안 좋아질 것이라는 느낌을 갖는다면 그것은 이미 정점에서 내려 온 후라고 보면 된다. 그러면 정확히 그 정점을 어떻게 아느냐가 관심거리일 것이다. 하지만 이는 누구도 알 수 없다. 오직 확실한 것은 지금 경기가 좋다면 언젠가는 경기가 나빠질 것이라는 사실이다.

그래도 우리가 찾을 수 있는 경고음이 있을까? 보통 시장이 강세일 때는 악재 몇 가지는 거뜬히 딛고 상승한다. 또 약세일 때는 호재 여럿은 문제없이 밀고 내려가기도 한다. 따라서 주가 상승기에는 그동안 무시해 왔던 악재성 재료들이 얼마나 나오고 있는가, 임계질량을 넘어서지 않았나를 살펴봐야 한다.

주식시장 내부에서 알 수 있는 경고로는 기업의 좋은 재료가 더 이상 주가에 반영되지 않는다거나, 주도주가 부재하거나, 지금까지의 주도주가 맥을 못 추거나, 하는 경우이다. 혹은 질이 떨어지는 저가 중소형주로 확산되는 경우도 있는데 주도주의 질이 떨어졌다는 것은 그만큼 탄력을 받을 만한 주식이 없다는 뜻이므로 적어도 해당 업종 내에서는 위기에 근접했다고 할 수 있다.

주식시장의 수급 변화도 중요하다. 신규 상장되는 기업 즉, 주식공개상장IPO이 많아진다는 것은 시장이 이를 받쳐 준다는 의미이다. 만약 상장 직후인 IPO주식에 투자한 투자자가 단기적으로 이익을 본다면 시장은 단단하다고 할 수 있고, IPO주식에 투자한 투자자가 이익을 못 보거나 오히려 단기적으로 손해를 보는 경우는 주식시장이 힘이 빠지고 있다는 의미일 수 있다.

증권사의 신용잔고도 모니터해야 하는 사항이다. 요즘은 다양한 형태의 주식담보대출이 있지만 여전히 신용잔고는 좋은 지표가 될 수 있다. 보통 신용잔고가 증가 추세가 되면 주식시장은 상승하지만 더 이상 증가하지 않거나 잔고가 신고치를 치는 순간 더 이상의 상승은 기대하기 힘든 경우가 많다.

경제지표와 주가의 상관관계

　주가와 주요 경제지표의 상관관계는 일반적으로 많이 알려져 있다. 그중 환율과 물가, 금리 그리고 원자재 등과 주가의 상관관계를 알아보기로 하자.

　원화 환율이 전체 주식시장에 미치는 영향을 보면 원화가 약세일 때 즉, 환율 표시로 1달러당 1100원에서 1200원, 1300원으로 가면 수출기업은 채산성이 좋아지게 된다. 하지만 그런 추세가 완만하게나마 지속적이라면 국제무역을 하는 기업들은 회사의 유동자금을 되도록 외화로 유지할 것이며, 외국거래처에 받을 자금은 천천히, 줄 자금을 되도록 빨리 주는 현상이 일어날 것이다. 그러면 국내 화폐의 유동성이 줄어들어 주가를 하락하게 하는 요인이 되기도 한다.

전통적으로 자국 통화가 강세일 때는 주식시장도 강세였던 적이 많다. 외국투자자는 한 때 한국 정부가 친기업적 성향이므로 원화 약세와 법인세 인하 등의 정책이 나왔다고 생각한다. 일본 같은 경우는 친기업적인 정책의 부재가 일본기업을 더욱 해외시장에서 어렵게 만들고 있다는 얘기를 흔히 한다. 만약 원화 강세가 계속 진행되면 자동차, 조선, 반도체, 휴대폰 등의 수출주도형 산업은 경쟁력을 유지하기 어려울 수 있다.

물가가 오르면 주식시장에 긍정적일까, 부정적일까? 완만한 물가 상승은 경기가 상승할 때 나타나며, 물가 상승이 다시 경기를 상승하는 작용을 하기도 한다. 이럴 때 주식시장은 좋은 경우가 많다. 그러나 급격한 물가 상승은 사람들로 하여금 물가가 더 오르기 전에 즉, 돈의 가치가 더 없어지기 전에 우선 쓰고 보자고 생각하므로 저축이나 투자를 위축시키기도 한다. 돈의 가치 하락은 이론적으로는 주가에 긍정적이나 현실적으로는 실물자산을 선호하게 하여 상대적으로 주식은 외면당하는 경우가 많다. 물가가 오르는데 경기도 안 좋은 이른바, 스태그플레이션은 주식시장에는 치명적이다. 기업이 쓸 비용은 오르는데 이익은 감소하여 기업수지에 타격을 입고 이는 주가하락으로 이어진다.

금리 역시 주식시장에 직접 영향을 미치는 요인 중 하나이다. 금리가 하락하면 기업들로서는 부채에 대한 이자부담이 줄어들어 기업의 실적이 나아질 수 있다. 시중에 금리가 떨어지면 줄어든 이자에 만족하지 못하는 예금자들의 자금이 주식이나 그 밖의 위험자산 투자에 나설 수 있기 때문이다.

금리는 정책당국이 경기가 과열되거나 냉각되지 않게 하기 위해 정기적으로 조정하는데 이를 통해 당국의 현재 경기에 대한 생각을 읽을 수 있다. 금리는 환율과 마찬가지로 중기적으로 주식시장에 영향을 미치는 요인이기도 하다. 외국시장의 경우를 보면 우리나라보다 훨씬 낮은 금리에도 주식시장이 하락하고 있거나 훨씬 높은 금리에도 주식시장이 활황인 경우가 간혹 있는데 금리는 절대적 수치 못지않게 상대적 방향성이 더 중요한 지표라고 볼 수 있다. 즉, 금리는 오르고 있느냐 내리고 있느냐에 따라 주식시장에 미치는 영향을 달리 해석할 수 있다.

그 밖에 원자재의 가격도 주식시장에 무시할 수 없는 영향을 주는 요인이다. 원유가 급등이나 이에 원인이 되는 국제정세 불안은 주식시장에 돌발 악재보다는 중기적으로 누르는 효과를 낸다. 일반적으로 원자재 가격이 상승하면 생산 제품의 가격에 직접 영향을 주게 되므로 적정 마진까지 더하게 되면 제품의 가격상승이 유발되며 이는 기업의 채산성 악화 즉, 주가하락으로 이어진다. 원자재 가격이 하락하는 것은 보통 경기가 안 좋아 원자재에 대한 수요가 없기 때문이다. 따라서 기업의 실적이 나아진다고 볼 수도 있으나 싸다는 이유만으로 매출이 많이 일어나지는 않는다.

이런 경제요인은 대부분 시간이 가면 자체적으로 해소되는 경우가 많다. 따라서 단기적인 영향과 중장기적인 영향을 분리해서 생각해 보는 것도 도움이 될 것이다.

저성장시대의 투자전략

　　2000년대 초 투자자 사이에서 '전문가에게 믿고 맡겨라, 그러면 아무것도 신경 쓰지 않아도 은행이자보다 높은 수익을 보장해줄 것'이라는 인식 때문에 많은 투자자가 간접투자로 모여들었다. 하지만 2008년의 글로벌 금융위기와 2011~2012년의 유럽 재정위기를 겪으면서 전문가를 믿을 수 없다는 목소리가 나오기 시작했다. 또 2010년대의 지지부진한 주식시장으로 인해 다른 사람에게 맡기느니 마이너스가 되더라도 차라리 내 재산은 내가 직접 관리하겠다는 쪽으로 투자자들의 생각이 바뀐 것이다. 전문가에게 투자 종목을 상담 받더라도 이제는 자신이 이해할 수 있는 주식이나 투자 상품인 경우에만 투자를 하는 신중함을 보인다.

주식과 부동산시장의 급등락에 질린 투자자가 단순히 주식, 부동산이 아닌 그 외의 투자 대상, 주식이나 부동산의 요소를 적당히 섞은 하이브리드식 투자 상품을 선호하게 된 것도 양대 위기를 겪은 투자자의 트라우마에서 나온 것이다. 이러한 현상이 2010년대 이후 글로벌 투자자의 트렌드가 되고 있다.

위기에 대한 대응 측면보다 훨씬 큰 패러다임의 변화도 살펴볼 필요가 있다. 그것은 바로 저성장시대의 도래이다. 한국경제는 과거 1980년대 중반 이후로 수년간 10퍼센트대의 경제성장을 이룩했다. 2000년대 중반의 중국과 같은 수준이다. 하지만 2000년대 들어와서는 기껏해야 4~5퍼센트 수준이었고 2020년에 들어와서는 2%가 목표가 되었으니 이에 못 미치는 경우가 많다는 뜻이다. 1인당 국내총생산GDP도 3만 2000~3000달러로 선진국 수준에 들어섰으나 성장 추이로 보아 장년기로 들어섰다고 할 수 있다. 경제를 끌고 가던 베이비부머는 은퇴했고, 저출산 문제로 젊은 경제 인구도 줄고 있다. 예전에는 열심히 일해서 가난을 벗어나는 것이 제일 중요했지만, 이제는 삶의 질을 더욱 생각하는 시대가 되었다. 임금을 덜 받더라도 충분히 쉬고 삶의 질을 보장받고 싶어 한다. 이런 현상은 앞으로 지속될 것이다. 산업구조 역시 고성장 업종은 대부분 해외로 이전하고 국내는 서비스업 위주로 재편이 가속화될 것이다. 하이리스크^{hi-risk} 하이리턴^{hi-return} 산업에서 로리스크^{low-risk} 로리턴^{low-return} 산업으로 이동하게 될 것이다.

개인의 빚이 늘어나는 추세로 보아 저성장시대가 본격화되면 개인이 금융기관의 빚을 되갚는 디레버리징이 일어나게 된다. 과거 고성장시대에는 은행에서 돈을 빌리는 것도 능력인 시대였다. 여기저기 사업 기회와 투자 기회가 널려 있으니 자본을 많이 끌어 모을수록 얻게 되는 이익이 배가 되기 때문이었다. 하지만 저성장시대로 접어든 지금 고성장시대에 진 빚이 폭탄이 되어 되돌아오고 있다. 돈을 빌려서까지 투자할 만한 사업 기회도 없다. 돈의 수요가 없어지자 금리는 점점 떨어져 2퍼센트이하까지 떨어지고 있다. 은행 정기예금 2퍼센트이하에서는 그 정도의 이자로는 못 참겠다고 다른 투자처를 궁리하는 사람도 나올 것이다.

물론 저성장시대에는 인플레이션도 높지 않을 것이다. 대신 주식이나 부동산 같은 자산시장 역시 과거처럼 쑥쑥 올라가지 않을 것이다. 막연히 장기투자나 분산투자, 적립식투자를 해도 몇 년 동안 코스피가 제자리 수준이니 수익이 날 수 없다는 뜻이다.

따라서 미래의 투자자라면 주식, 상품, 시장을 이해하고 직접 자산을 관리하며 분산투자보다는 수익 극대화에 집중하여 시장의 타이밍에 따라 전략적으로 투자해야 저성장시대에 원하는 결과를 얻을 수 있다. 막연한 장기투자로는 좋은 결과를 얻을 수 없다. 이럴 때일수록 시장에 대한 이해를 기반으로 한 자신만의 대처법이 필요한 것이다.

한국 주식시장의 특징 ──────────── ★

　한국 주식시장의 가장 큰 특징은 외국투자자의 비중이 높다는 것이다. 이는 선진국 어느 주식시장보다 심한데, 첫 번째 이유는 주식시장의 크기가 크지도 작지도 않은 중간 사이즈에 삼성전자, SK하이닉스, 현대차, 기아차, LG전자, 현대중공업, 포스코 등의 세계적인 기업이 즐비하기 때문이다.

　대부분의 외국투자자는 단순한 펀드투자자이기 때문에 포트폴리오 투자를 한다. 펀드 크기가 매우 큰 만큼 작은 기업보다는 큰 기업 위주로 투자한다. 외국기관투자자의 투자전략은 시장의 타이밍보다는 초장기 투자자로서 대형 우량주에 투자하고 무조건 기다리는 형태가 많다. 또한 한국시장 하나를 보고 투자하기보다 아시아 혹은 이머징 국가 전체를 조망하여 자신의 펀드가 벤치마킹하는 지수(이머징 국가지수, 일본 제외 아시아 국가 지수 등) 대비 투자를 하기 때문에 국내시장만을 염두에 두는 개인투자자는 그들이 어떤 기준으로 움직이는지 파악하기 힘든 경우가 많다. 예를 들어, 우리나라의 현대차가 국내투자자에게는 그저 그런 투자대상이더라도 여러 나라를 보는 외국기관투자자 입장에서는 토요타 자동차보다 낫다고 평가를 했다면 현대차를 매수할 수 있다. 같은 시장에 다른 관점의 투자자들이 공존하고 있다는 것이다.

그 밖의 규모가 작은 중형주나 소형주 같은 경우는 외국기관투자자의 관점에 벗어나 있으므로 국내투자자 특히, 개인투자자의 성향에 의해 움직이는 경우가 많다. 따라서 대형 우량주시장과 중소형주시장으로 양분되어 있는 것이 우리 시장의 특징이며 이머징 국가의 주식시장에서 주로 나타나는 양상이다.

외국기관투자자의 펀드는 보통 초장기적으로 지속되는 펀드가 많다. 이들은 한국시장에서 생기는 투자 기회에 따라 투자 비중을 약간 더 늘리거나 줄이거나 해도 영원히 팔고 떠나지는 않는다. 한국 주식시장의 전체 세계시장에서의 비중이 있기 때문이다. 1994년 김일성 사망 발표 직후 많은 투자자는 외국인투자자가 한국을 떠날 것이라 예상했다. 하지만 그런 현상은 일어나지 않았다. 연평도 포격 사건 때도 마찬가지였다. 그런 리스크까지 이미 감안하고 한국에 투자한 것이기 때문이다.

다시 말해, 외국 펀드매니저는 더 나은 주식을 보유하고 장기로 보지 주식시장이 떨어지기 전에 팔고 떨어지면 다시 사는 마켓타이머(market timer)식의 투자를 할 이유가 없다는 점이다. 따라서 5년, 10년 후를 내다보고 투자하는 사람과 한두 달 혹은 그보다 짧은 시간을 보고 투자하는 개인투자자와는 다른 투자행동을 할 수밖에 없다. 개인투자자는 이러한 외국기관투자자에 의해 휘둘리는 주식시장에서 그들의 관점을 가져 보는 것도 중요하다.

2장

개미투자자가
피해야할 투자법

뛰는 주식만 좇는다

주식 속담 중에 '뛰는 토끼를 잡아라'라는 말이 있다. 주가가 상승하고 있는 주식에 투자하라는 뜻으로, '밀짚모자는 겨울에 사라'는 가치 투자를 권하는 투자 격언과 배치되어 쓰인다. 그렇다면 투자자는 겨울에 밀짚모자를 사는 것을 좋아할까, 아니면 뛰는 토끼를 잡으러 다니기를 좋아할까? 여러분도 예상하듯이 보통 투자자는 뛰는 토끼를 잡는 것을 더욱 즐긴다. 단기적인 것을 좋아하는 인간의 본능 때문이다. 토끼를 먼저 잡고 밀짚모자는 나중에 사도 된다고 생각한다.

이와 관련된 재미있는 심리 실험이 있다. 누군가 당신에게 돈을 주기로 했는데, 오늘 100만 원을 받는 것과 내일 101만 원을 받는 것 중 하나를 택하라고 한다면 어떤 선택을 하겠는가.

짐작했겠지만 많은 사람이 오늘 당장 100만 원을 받길 원한다. 오늘의 100만 원과 하루 뒤인 내일의 101만 원을 비교했을 때, 하루 이자로 1만 원은 엄청난 돈이지만 그 사람이 내일 돈을 준다는 보장이 없으니 지금 받는 게 낫다는 것이다. 불확실성의 위험을 피하기 위해 금액이 다소 적더라도 오늘 받고 싶다고 하지만 근본적으로는 장기적인 것보다 단기적이고 즉각적인 것을 좋아하는 본능 때문이다.

조건을 바꾸어 1년 후에 돈을 받기로 한 상황이라고 하자. 1년 후에 100만 원을 받는 것과 1년 하루(366일) 후에 101만 원을 받는 것 중에서는 어떤 선택을 할 것인가. 이번에는 거의 모든 사람이 1년 하루 후에 101만 원을 받겠다고 답한다. 앞에서 오늘 받겠다고 하는 사람이 많은 것과는 다른 양상을 보인 것이다. 왜일까? 두 질문의 차이라고는 시간의 근접성밖에 없다.

사람들은 시간이 짧은 결정은 감정적으로 판단하게 되고 시간이 멀어지면 이성적인 판단을 할 가능성이 높아진다. 즉각적인 것에 대한 유혹이 없기 때문이다. 같은 하루의 시간 차라도 현재와의 근접성에 따라 전혀 다른 판단을 하는 것이다.

그러면 즉각적이고 충동적인 것을 좋아하는 인간의 본능은 어디서 오는 것일까. 학자들은 과거 인간의 짧았던 수명과 불확실했던 미래에 대한 적응으로 풀이한다. 만약 과거 인간의 수명이 길었다면, 미래에 대해 불확실성이 많지 않았다면 우리 모두 장기적으로 인생 계획을 세우고 이를 행동에 옮기는 유전자를 가졌을 것이다. 그러나 인류의 역사는 그렇지 않았다.

학자들은 일만 년 전 인류의 수명이 대략 평균 30세였을 것으로 추정한다. 수렵 채취 등으로 생활을 연명했기 때문에 오늘 멧돼지를 잡느냐 못 잡느냐가 당시의 가장 큰 관심사였을 것이다. 당장이 급하기 때문에 내일을 걱정하는 것은 사치라고 생각하고 '내일 일은 내일 걱정하라'는 교훈을 갖고 살았을지 모른다.

동물을 잡아먹던 인간이 어느 날부턴가 가축을 가두어 키우고, 새끼를 낳게 하여 장기적으로 먹잇감을 확보하게 되었다. 식물의 씨앗을 심어 키우고 열매를 거두어 먹는 농경도 시작한다. 이것은 인류의 역사에 큰 획을 긋는 일이었다. 척박하고 짧은 인생을 살다가 비로소 농경 생활을 시작하고, 가축을 키움으로써 미래를 생각하게 된 것이다. 이로써 인류는 비교적 안정적으로 식량을 확보할수 있었고, 인구가 늘었으며 수명 또한 서서히 늘어나기 시작했다.

한편 진화학자들은 최근 일만 년 동안 인류의 생활환경이 유목생활에서 농경사회로 또 산업사회로 급변해 온 반면 인류는 적절하게 진화하지 못했다고 판단한다. 인류가 환경에 적응하는 진화를 하려면 환경이 적어도 수천 년은 고정적이어야 한다. 하지만 환경은 최근 일만 년 동안 인간의 적응을 기다려 주지 않고 계속 변화하여 왔다. 따라서 지금의 인류는 일만 년 이전의 수렵 채취 생활을 하던 인류의 특성을 그대로 갖고 있다는 것이다.

발전된 과학기술의 혜택 덕분에 전에는 전혀 달려 본 적이 없는 시속 110킬로미터의 속도로 자동차를 운전하고, 로켓을 타고 달에도 갈 수 있게 되었다. 이런 일들을 잘하기에는 아직 인간이 전반적으로 잘 진화되지 않았는데도 말이다.

의학기술의 발달은 최근 100년 사이에 인간 수명 100세 시대를 열었다. 문제는 인간의 머리가 아직 이렇게 긴 기간을 예상하고 살아가는 사고회로에 익숙하지 않다는 것이다. 지금 인간은 당장이 더 중요하다고 느끼게끔 프로그래밍된 대로 현재의 욕구에 맞춰 살 것인가, 아니면 변화된 환경에 맞추어 스스로를 변화시켜 미래를 계획하고 살 것인가의 갈림길에 서 있다. 대부분의 사람들이 아직 인지하지 못하고 있을 뿐이다.

이렇게 본능에 따른 단기적인 시각을 가지고 있으니 자연히 단기투자에 열광하는 것이다. 그 의미는 곧 오를 주식 즉, 뛰는 토끼를 잡는 전략을 펴게 된다. 하지만 단기투자는 두더지잡기 게임처럼 조금씩 늦게 때려 뒷북 투자만 하게 되고, 적은 수익과 큰 손해로 귀

결되기 마련이다. 보이는 시세로는 수익을 내기가 쉽지 않기 때문이다.

투자 계획을 세울 때 자신이 단기적인 시각으로만 보지 않는지 점검해 보아야 한다. 자신도 모르게 본능이 이끄는 대로 베팅을 하고 있을 위험이 있기 때문이다.

바구니 대신 계란을 관리한다

개인투자자는 여러 종목에 투자를 하면서도 개별 주식 하나하나를 따로 관리하는 우를 범하기 쉽다. 이익이 난 종목과 손해가 난 종목으로 분류해서 관리하는 것이다. 이렇게 관리하면 감정적으로 주식을 대하게 되어 판단을 그르칠 수 있다. 투자는 결국 전체 금액으로 성과를 평가해야 함을 잊지 말하야 한다.

객장에서 만난 한 자칭 투자 고수와의 대화이다.

"주식은 한 번 사서 손해 봤다고 절대로 팔지 마세요."

"그러면요?"

"주가는 오르고 내리고 하는 것이니까 손해가 날 때는 꽉 쥐고 있어요. 그러다 조금 기다리면 주가는 반등하거든요. 그때 팔면 모든 투자에서 이익을 내게 되고 나는 연속으로 벌 수 있지요."

"예, 그렇겠군요."

이 전략은 매우 많은 개인투자자가 취하는 전략이다. 누가 보아도 일견 합리적이다. 그러나 본전에 집착하는 이러한 생각에는 결정적인 모순이 있다.

구입한 지 오래되어 고장이 잦은 자동차를 바꾼다고 가정해 보자. 2000만 원짜리 새 차를 구입하려면 투자하고 있는 두 개의 펀드 중 하나를 깨서 현금을 마련해야 한다. A펀드엔 원래 4000만 원을 투자했는데 '반 토막'이 나 2000만 원이 된 상황이다. B펀드엔 1000만 원을 투자했는데 수익률이 좋아 현재 '더블'이 되어서 평가금액이 2000만 원으로 올랐다. 둘 중 어느 것을 환매해도 자동차 구입비 2000만 원을 마련할 수 있다. 자, 당신은 어느 펀드를 팔겠는가?

대부분의 투자자는 이익이 난 B펀드를 팔겠다고 한다. 손해를 본 A펀드는 나중에라도 본전을 되찾거나 이익으로 돌아설 가능성이 있다고 생각하기 때문이다. 지금 환매하는 것은 손해를 확정 짓는 것이 되기 때문에 마음이 좋지 않다. 반면, B펀드는 이미 이익을 많이 냈기 때문에 나의 투자판단이 정확했다는 뜻이므로 지금 파는 것에 별달리 감정적 거부감이 없다.

이러한 판단의 이면에는 몇 가지 심리가 깔려 있다.

첫째, 사람들은 기분이 좋아지는 방향으로 행동하려고 한다. 이익이 난 주식을 팔면 당연히 기분이 좋지만 손해가 난 주식을 팔면 내 투자가 실패했다는 것을 인정하는 꼴이 되므로 기분이 좋을 리가 없다. 이렇게 사람들은 자존감을 높이는 방향으로 행동한다.

둘째, 앞에서 예를 든 자칭 고수의 생각처럼 '모든 주가는 오르내리기 마련이고, 많이 떨어진 주식의 가격도 언젠가는 다시 오를 것'이라는 생각 때문이다. 지금은 비록 모두 손실이 나 있더라도, 기다렸다가 이익이 날 때 팔면 투자에 성공한 것이라고 생각한다. 만약 투자자의 생각대로 모든 주가가 비슷한 구간을 계속 오르내린다면 이는 좋은 전략이 될 수 있지만 그것은 희망사항일 뿐 현실은 그리 녹록치 않다. 살 기회를 놓쳐버린 주식은 오르고, 무작정 들고 기다리는 주식은 떨어지는 예가 주변에 너무도 많다.

셋째, 손실을 싫어하는 심리 때문이다. 손실 상태인 펀드를 들고 있을 때 '이 손해는 단지 장부상의 손해일 뿐이지, 내가 팔지 않는 한 아직 손해가 아니야'라고 생각한다. 당장은 평가손실이 나 있지만 팔지 않고 기다리다가 언젠가 반등할 때 팔겠다는 전략이다. 그러다가 주가가 반등하지 않고 정체되거나 더 하락하면 이른바 비자발적인 장기투자자가 되고 만다. 장기투자를 하는 게 아니고 말 그대로 묻어 두는 것이다.

그러면 위와 같은 상황의 투자자는 어떤 판단을 내려야 할까. 원점에서 다시 생각해 보면 된다. 즉, A펀드와 B펀드를 지금 시세에 새롭게 투자한다고 가정하고 연구해 보는 것이다. 전문가에게 물어도 좋다. 이때는 해당 펀드가 편입한 종목이나 시장의 저평가 여부도 보고 성장성 그리고 펀드 매니저의 성과도 체크해야 한다. 단, 이 과정에서 평가이익과 손실로 생기는 감정을 철저히 배제하는 것이 무엇보다 중요하다. 그리고 나서 둘 중에서 투자가치가 높은 것이 무엇인지 판단이 서면 그것을 유지하고 그렇지 못한 것은 환매하면(팔면) 된다.

　　어쨌든 둘 중에서 하나를 선택할 때는 상대적으로 투자 메리트가 떨어진 주식이나 펀드는 손해나 이익을 떠나 무조건 팔아야 한다. 하지만 대부분의 투자자는 '이익이 나면 팔아도 되는 주식, 손해가 나면 못 파는 주식'이라는 이분법적인 판단을 하기 십상이다. 이러한 투자 판단에는 과학적이고 합리적인 근거가 없다. 오직 운만이 작용할 뿐이다.

알면서도 손해 보는 투자심리

증권사 객장에서 소란이 벌어졌다. 화가 난 듯 보이는 나이 지긋한 투자자 한 분이 영업직원을 꾸짖고 있었다. 손님이 지점을 나가자 그 직원에게 다가가 물었다.

"이 대리, 저 고객 잔고가 어때서 그래? 손해를 많이 보셨나?"

"아뇨, 좋은 주식을 추천하고 사드려도 이익만 나면요. 팔지 말라고 해도, 조금만 이익이 나면 몰래 파세요. 그리고 손해가 나면 절대로 안 파신다고 하시거든요."

"그래서……."

"그래서 시장이 계속 오를 때는 조금씩밖에 이익이 나지 않고요. 요즘처럼 이렇게 계속 떨어지는 장세에는 속수무책으로 끌려내려가시거든요. 그러니 매번 고점 대비해서 40~50퍼센트씩 손해가 나시는 거예요."

위의 고객과 같은 성향의 투자자는 다음 상황에서도 문제가 된다. C라는 주식에 투자한 두 명의 투자자가 있다. X투자자는 9700원에 투자했고 Y투자자는 1만 300원에 투자했다. 두 투자자 다 본전에 집착하는 성향이라고 하자. 그런데 지금 C주식의 주가는 1만원이고, 단말기에는 주가에 영향을 줄 만한 대형 악재가 터졌음을 알리고 있다. 이때 두 투자자는 어떻게 반응할까? X는 당연히 이익이 난 상태이므로 부담 없이 주식을 팔 것이다. 반면 Y는 손해가 난 상황이니 팔기가 부담스러운데 악재가 터져 안절부절못하다가 결국 팔지 않기로 결심한다. 그로부터 이 주일 후 C주식의 가격은 믿기 어렵게도 5000원대가 되었다. 불과 매입가 600원 즉, 6퍼센트 정도의 차이로 한 투자자는 빠져나왔고 다른 투자자는 50퍼센트의 손실을 떠안은 것이다. 분명히 모순되는 사례이다.

이뿐 아니고 이 전략을 쓰는 투자자는 또 하나의 결정적인 문제가 생길 수 있다. 손해가 길어질수록 심리적으로 괴로움에 시달리다 가장 큰 손해 시점에서 매도를 해 버리는 것이다.

"아니, 손해 봤는데 주식을 왜 파셨어요?"

"안 팔려고 했지. 10~20퍼센트 손해날 때까지는 견딜 만했어. 그런데……."

"그런데요."

"마이너스 30퍼센트, 40퍼센트, 50퍼센트를 넘어 가니까. 정말 미칠 것 같더라고. 하필이면 그때 누가 주식시장이 500포인트까지 떨어진다고 하니. 이게 말이지. 밤에 잠이 안 와. 주말에도 하루 종일 괴로워서 다른 일을 못 하겠고. 그래서 남은 돈이라도 찾고 마음이라도 편해지려고 팔아 버렸어."

조금의 손해라면 개인투자자들도 참을 수 있다. 하지만 손해가 감당할 수 없을 만큼 커지면 투자자의 마음은 콩알만큼 작아져서 괴로움을 떨쳐 버리기 위해 결국 최저가에 팔게 되는 것이다.

이렇게 이익과 손해는 투자의 성과로만 봐야지 환매(매도)의 기준으로 삼아서는 안 된다. 투자할 때 매수 타이밍이 안 좋을 수 있지만, 매도 타이밍마저 나빠지면 그 투자는 정말 엉망이 되고 만다.

그러면 전문투자자라고 하는 기관투자자나 외국기관투자자는 손해에 어떻게 대처할까? 글쎄, 기관투자자가 전문가이긴 하지만 손해로 인한 괴로움은 사람인 이상 마찬가지일 것이다. 다만 이들은 손해 시 보유하고 이익 시 팔아서 이익을 실현하는 전략을 취하지 않는다. 시장이 불투명하다고 느끼거나 투자자가 환매(돈을 돌려달라고)를 요청하면 당연히 펀드 매니저는 주식을 팔아야 한다. 이때 어느 주식을 먼저 팔게 될까? 이익이 많이 난 순서대로 팔까? 아니면 손해난 주식을 많이 팔까?

기관투자자는 총액으로 관리하고, 지금 보유하고 있는 포트폴리오가 '베스트'라는 믿음이 있기 때문에 전반적으로 보유량에 비례해서 전 주식을 똑같이 판다. 혹은 보유주식 중에서 현재 시세에서 전망이 가장 덜 좋아 보이는 것을 먼저 판다. 해당 종목에서 이익을 냈건 손해를 냈건 간에 말이다. 그러므로 기관투자자는 항상 시장에서 자신이 생각하는 베스트 종목을 유지하여 손해를 최소화하고 이익을 극대화할 수 있는 것이다.

막대한 정보량을 가지고 있는 기관투자자를 상대로 개인투자자가 본전에 집착하는 증세에서 벗어나지 못한다면 그는 수갑을 찬 권투 선수라고 할 수 있다. 그냥 이기기도 벅찬 상대에게 핸디캡을 가지고 있는 선수가 어떻게 싸움에서 이길 수 있겠는가.

물타기와 추격매수의 유혹

투자한 주식을 따로따로 관리해서 생기는 또 다른 폐해는 개별 주가의 매입가에 집착한 나머지 의미 없는 물타기나 추격매수를 하게 된다는 것이다.

투자한 주식의 가격이 하락하면 '나중에 다시 주가가 오를 것을 대비해 지금이라도 더 투자를 해야 하지 않을까'라는 생각이 들 때가 종종 있다. 이렇게 처음 샀던 가격보다 주가가 하락하면 추가로 주식을 사서 평균 매입단가를 낮추는 매매전략을 물타기scale trading 라고 한다.

물타기는 누구나 쉽게 느끼는 유혹이다. 이유엔 여러 가지가 있다. 첫째, 애초에 좋은 기업이라 생각하고 투자한 주식의 가격이 더 싸졌으니 주식을 추가로 사고 싶은 충동이 생긴다. 둘째, 주가가 내려가 손실이 나면 날수록 그 주식에선 언젠가 꼭 벌고 나오겠다는 승부욕이 생긴다. 보통 투자자는 자기가 투자하는 모든 종목에서 수익을 내야 한다는 고정관념이 있기 때문이다. 손실을 극도로 회피하려는 심리 또한 작용한다. 결국 본전을 만회하기 위해 투자를 더 키워 위험을 높이는 결과를 초래한다. '주가란 항상 오르고 내리기 마련이니까 물을 타서 매입 평균가를 낮춘 다음에 오를 때 팔고 나와야지' 또는 '나는 절대 손해 보고는 못 팔아. 단가를 낮춰서라도 벌고 나와야지' 등의 생각을 하는 경우이다.

물론 주가가 생각대로 다시 올라만 준다면 물타기는 높은 이익을 낼 수 있는 훌륭한 방법이다. 투자한 기업의 펀더멘털을 믿고, 믿음이 적중했다면 더 그렇다. 그러나 펀더멘털이 받쳐 주지 않은 상태에서 막연히 주가의 사이클만 믿는다면 이야기가 달라진다. 이 전략의 가장 큰 맹점은 주가가 장기적으로 대폭 하락하는 국면이다. 이때도 막연히 물타기를 한다면 투자로 인한 손실은 걷잡을 수 없이 커질 것이다.

물타기를 하고 싶다는 충동을 느낄 때 역시 중요한 것은 투자한 주식을 객관적으로 재평가하는 것이다. 만약 이때 '사고 싶지 않다'고 판단이 선다면 더는 투자를 늘려서는 안 된다. 오히려 보유한 주식까지 팔아야 하는지도 검토해야 한다. 혹은 투자가치가 더 높은 주식으로 갈아타는 것도 고려할 수 있다. '막연한 물타기는 형편없는 회사의 대주주가 되는 지름길'임을 명심하라.

이와 반대의 상황도 있다. 투자를 하고 나서 주가가 더 오르는 경우인데, 이때 역시 주식을 더 사고 싶은 마음이 든다. 이른바 추격매수follow-through buying이다. 주가가 상승해서 기분도 좋거니와 '주가가 상승하는 모든 주식은 우량주'라는 막연한 믿음으로 주식가치가 더 좋아 보이기 때문이다. 당연히 더 투자하고 싶다는 생각이 든다. 투자에 감정이 개입된 경우이다.

주가가 상승하면 할수록, 또 이익을 내면 낼수록 더 많은 욕심이 생기게 되는 것이 투자자의 본능이다. 한 번 투자수익을 내면 이후 내가 벌고 싶은 수익의 기대치도 계속 커지게 된다. 결국 기대치를 만족시키고자 더 많은 돈을 끌어오고, 심지어 남에게 돈을 빌려서 투자하는 무리수를 둔다. 소위 '몰빵 투자'가 된다.

추격매수의 가장 큰 위험은 투자한 주식의 평균매입단가가 상승한다는 것이다. 그 상태에서 주가가 조정을 받는다면 더 많은 이익은 고사하고 쉽게 본전 대비 손실 상태로 바뀔 수 있다. 그러면 투자자는 주가 하락을 속수무책으로 바라보기만 한다. 본전 집착증 때문이다. 많은 투자자가 이와 같은 악순환에 빠진다.

이런 덫에 걸려들지 않기 위해서는 어떻게 해야 할까? 앞에서도 말했지만 먼저 개별 주식의 가치에 대한 객관적인 평가를 다시 해야 한다. 물론 주가가 상승세를 타고 있을 때는 증시 전문가의 조사 자료조차도 객관성을 잃기 쉽다. 합리적인 투자자는 주가가 오르든 내리든 쉽게 흔들리지 않는다. 이들은 손익에 관계없이 '지금 이 가격에 주식을 살 것인가'를 판단한다. 물타기와 추격매수에 대한 처방은 결국 같다.

우량주는 그림의 떡이다

"S전기? L화학? 그거 몇 주나 산다고. 액면분할$^{stock\ split}$이나 하면 몰라. 몇 십만 원 하는 건 사고 싶지 않아요. 우리 같은 소액투자자로서는 살 수가 없어요."

대부분의 개인투자자는 고가주를 별로 선호하지 않는다. 고가주는 그동안의 수익성이나 안정성, 자산가치 등을 인정받아 주로 외국인투자자나 기관투자자가 매매하는 종목이기 때문이다. 또 장기간에 거쳐 주가가 상승하다 보니 개인투자자는 이미 주식을 팔고 나온 상황인 경우도 많다. 예전에 SK텔레콤이 얼마였는데 지금 가격에 살 수 있겠냐는 식이다. 물론 이런 주식들도 액면분할을 하면 저가주화되는 경우가 있긴 하다. 하지만 고가주인 상태로 두는 것은 회사의 자존심일 수도 있고 분할할 필요를 못 느끼기 때문일 수도 있다.

개인투자자가 고가주 투자를 기피하는 이유가 몇 주밖에 못 사는 이유뿐일까? 그보다는 고가주의 주가 탄력성이 저가주보다 낮기 때문이다. 500원짜리 주식은 주식시장이 안정적인 상태에서 테마만 잘 맞으면 쉽게 3000원까지 오르기도 하지만 50만 원짜리 주식은 300만 원으로 쉽게 오르지 않는다. 다만 500원짜리 주식은 50만 원짜리 주식에 비해 상장 폐지를 당할 가능성은 매우 높다. 그럼에도 대부분의 개인투자자는 저가주 단기매매로 화끈한 수익을 기대한다. 하이리스크–하이리턴인 셈이다.

문제는 투자라는 것이 한 번의 대박으로 인생이 확 바뀌지 않는다는 데 있다. 투자로 한 번 큰돈을 벌었다고 해서 투자를 그만두는 사람은 이 세상에 단 한 명도 없다. 다만 이런 큰 성공은 나에게 더 많은 자신감을 줄 수 있다. 하지만 그만큼 더 큰 규모와 더 큰 리스크가 있는 거래의 유혹에 빠지게 된다. 이런 방식은 투자자를 위험하게 할 수 있음을 깨달아야 한다.

주식시세를 보고 또 본다

전업 데이트레이더라면 주식시세를 보는 것이 내가 할 일이라고 생각하기 쉽다. 데이트레이더는 주식매매를 업으로 하며 장중에 단기매매를 통해 수익을 내는 투자자로 정의할 수 있다. 꼭 데이트레이더가 아니더라도 휴대폰으로 어딜 가나 이삼십 분 간격으로 주가를 확인해야 직성이 풀리는 투자자도 얼마든지 있다. 사실 주가 변동을 조회하는 것만큼 흥미진진한 일은 없다. 주식시장이 끝나고 눈을 비빌 때면 피로가 몰려 와도 시세단말기에서 펼쳐지는 숫자의 현란한 쇼는 아무리 오래 봐도 질리지 않는다. 이쯤 되면 어느 정도 주식에 중독된 것이다.

필자는 딜링룸에서 10여 년 동안 서너 개의 단말기를 켜두고 살았다. 물론 쉬고 싶다는 말을 달고 살았지만 시세단말기를 한 번 보기 시작하면 그것만큼 시간이 잘 가는 소일거리도 없었다. 하루가 금방 지나갔고 다음 날이 되면 하루 종일 또 그렇게 단말기를 보며 살았다. 그곳에는 할 말도 많고 스토리도 많다. 6시간을 보고도 지루하지 않은 영화가 또 어디에 있을까?

하지만 그렇게 열심히 본다고 시세가 보일까? 미래의 주가를 알수 있을까? 장중에 터져 나올 악재를 미리 피할 수 있을까? 만약 그렇다면 필시 하루 종일 열심히 본 사람들은 손해를 보지 않아야 한다. 하지만 현실은 그렇지 않다. 보면 볼수록 점점 더 초조해지고 단말기에 중독되면 그때부터 수익 내는 것은 요원한 일이 될 수 있다.

주말에 경마장에서 마권에 베팅하는 사람들의 행동을 관찰해 보면 그 이유를 알 수 있다. 이들이 하루를 투자해 아침부터 경마를 한다고 할 때 오전에는 주로 승률이 높은 말 위주로 베팅을 한다. 승률이 높은 말은 우승할 확률이 높지만 많은 사람들이 그 말에 베팅을 하므로 우승을 해도 배당금이 적다. 처음에는 작더라도 안정적인 수익을 노린다. 아직 기대치가 높지 않은 까닭이다. 그러나 오후로 가면 갈수록 또 여러 경기를 보면 볼수록 사람들은 얇아진 지갑 때문에 초조한 나머지 승률이 낮은 말 즉, 투기성이 높은 말에 베팅을 한다. 이런 말이 우승을 할 확률은 적지만 일단 우승하면 배당금은 엄청나기 때문이다.

사람들은 왜 후반으로 갈수록 승률이 낮고 투기성 있는 말에 베팅을 할까? 첫째, 당초 기대하는 것에 비해 수익이 잘 나지 않았으므로 더 큰 베팅을 해야 본전을 찾을 수 있기 때문이다. 돈을 많이 땄어도 마찬가지이다. 수익에 대한 기대치가 증가한 후이므로 베팅이 커진다. 둘째, 돈은 벌어야겠는데 남은 시간이 많지 않다는 심리적 초조함이 작용한다. 셋째, 막연한 승부욕이 생긴다. 하루 종일 말이 뛰는 것을 보고 우승하는 것을 보면서 사람들은 초조해 하고 흥분한다. 마치 시세단말기를 온종일 보는 것과 같다. 보면 볼수록 리스크 관리가 안 되고 우승한 말, 상한가를 친 종목에 대한 미련이 생겨 베팅은 커지게 된다.

차트를 맹신한다

주식투자에 처음 뛰어드는 투자자들이 가장 신기하게 생각하는 것이 바로 차트가 아닌가 한다. 기술적 분석을 하는 도구인 차트는 난생처음 보는 이에겐 일견 어렵고 또 무엇인가 있는 것 같은 신비함마저 준다. 차트에 대한 지식을 쌓으면 주식투자는 더욱 흥미로워진다. 돌파갭이 어쩌고 흑삼병이 어쩌고 하며 하나씩 알게 되면 묘한 자신감까지 생긴다. 차트가 단말기에 구현되는 것이 활성화되지 않았을 때 어떤 투자자는 모임을 만들어 그날치의 주요 주가차트를 밤 늦게까지 손으로 그리기도 했었다.

특히 데이트레이딩을 하는 투자자 중에는 차트를 맹신하는 사람이 꽤 많고 차트를 좋아하는 투자자는 다른 정보를 거의 무시하는 경향까지 있다. 비록 차트가 주가의 과거 움직임을 나타내기는 하지만 그것이 반드시 미래의 주가 움직임을 알려준다고 보긴 힘들다. 차트로만 주식을 판단하기엔 너무나도 많은 정보가 차트에서 빠져 있기 때문이다.

경험 많은 증권사 직원들 사이에서는 기술적 분석 위주로 주식 매매를 하는 영업직원의 성과가 제일 낮다는 것이 중론이다. 수익이나 영업 면에서 모두 실적이 좋지 않다고 한다. 이는 필시 차트 한 가지에만 매달리기 때문일지도 모른다. 또 차트를 맹신하여 지난 주가 변동이 미래의 주가 변화를 함축하고 있다고 믿는다. 이는 주식시장의 변화를 종합적인 원인에서 찾기보다 기술적 분석만으로 해석하려는 성급한 일반화의 오류일 뿐이다.

차트로 주가 움직임을 보면 숫자로 써 있는 주가 움직임에 비해 일목요연하게 보이는 것은 사실이다. 물론 단기매매 전략을 쓰는 선물, 옵션 등의 스펙 거래에는 예측 기준이 한정되어 있기 때문에 차트를 보는 것이 중요할 수밖에 없다. 추세추종매매(주가가 상승 추세를 형성하면 투자를 하고 하락 추세를 형성하면 투자하지 않고 관망하는 형태의 전략)라든지 기술적 매매를 한다면 이것은 필요하다. 하지만 미래는 한 가지 요인만으로 결정되고 변화하지 않으며 더욱이 단기적인 미래는 어디까지나 운의 영역이다.

과거 수익률이 미래의 수익을 보장하지 않는다

펀드투자자가 새로 투자할 펀드를 물색할 때도 이런 일이 자주 일어난다. 투자자는 주로 최근 성과가 좋은 펀드를 찾는다. 과거 수익률이 좋았던 펀드는 이미 검증되었다고 믿기 때문이다. 물론 평가기간을 아주 길게 놓고 봤을 때는 수익률이나 변동성 차원에서 검증된 펀드가 많다.

하지만 짧은 기간, 예를 들어 지난 1년간의 수익률이 미래의 수익을 보장한다고 보기는 어렵다. 실제 2008년 한 컨설팅회사가 국내 주식형 펀드 130여 개를 조사한 결과 1차 연도 수익률이 상위 25퍼센트 안에 든 34개 펀드 중 이듬해에도 수익률 상위 25퍼센트를 유지한 펀드는 11개에 불과했다. 또 상위권에 있다가 하위 25퍼센트로 추락한 펀드도 마찬가지로 11개나 되었다. 과거 수익률과 미래 투자 성과 사이에 연관성이 거의 없다는 것이다.

주식형 펀드 같은 경우, 작년에 수익률이 좋아 자금이 ^A펀드로 절대적으로 많이 몰렸다면 한동안 ^A펀드의 수익률이 다른 펀드보다 좋을 가능성이 있다. 그 이유는 ^A펀드가 보유한 포트폴리오 내의 비교적 작은 기업들 즉, 대형주 중 시가총액이 작은 주식이나 중형주 몇 개 정도는 펀드에 유입되는 자금 때문에 단기적으로 주가가 끌어올랐을 가능성이 있기 때문이다.

하지만 그렇게 끌어올려진 주가는 펀드에서 자금이 빠져나가거나 주식시장이 조정을 보이면, 시장보다 더 떨어질 가능성이 높다. 게다가 주가 하락 소식이 시장에 퍼지면 다른 투자자까지 덩달아 주식을 서둘러 파는 경향이 있어 주가가 심하게 고꾸라질 수 있다.

이런 속성을 비추어 보면 작년에 수익률이 좋은 주식형 펀드라고 올해 마음 놓고 투자하는 것은 다시 생각해 보아야 한다. 오히려 수익률이 좋아서 단기간에 자금이 많이 들어와 비대해진 주식형 펀드라면 시장에서 조정을 받고 환매가 일어날 때는 시장 수익률을 하회할 수 있다고 보는 것이 논리적인 사고법이다.

확실한 정보만 찾는다

걸프전쟁에서 '사막의 폭풍작전'을 지휘했고 한때 미국 국무장관을 지낸 콜린 파월Colin Powell 장군은 이런 말을 했다.

"나는 공식 P=40~70을 자주 사용합니다. P는 성공 가능성을 나타내며 숫자는 결정에 필요한 정보량을 나타내는데 정보의 범위가 40~70퍼센트 사이에 든다고 생각하면 일단 추진합니다. 그리고 정보가 40퍼센트 미만으로 적다고 생각되면 행동을 취하지 않습니다. 또 100퍼센트 확실한 정보를 갖게 될 때까지 시간을 끌지도 않지요. 그때가 되면 너무 늦기 때문입니다."

세계의 군사 정보를 가장 많이 모을 수 있는 미국의 국무장관조차도 모든 정보를 얻기는 힘든가 보다. 미국과는 상당히 다른 환

경인 파키스탄의 페르베즈 무샤라프^{Pervez Musharraf} 전 대통령도 이와
비슷한 말을 했다.

"내가 의사결정을 내릴 때 결과를 확신할 수 있을 정도로 모든
데이터가 확보되는 경우는 거의 없습니다. 의사결정은 3분의 2가
사실과 숫자인데, 나머지 3분의 1은 몰라도 무작정 뛰어들 수밖에
없습니다."

어차피 주식투자는 미래의 일이고 이는 불확실하고 운이 작용
할 수밖에 없다. 정보를 해석하는 능력과 운이 합쳐져야만 투자 성
과가 나오는 것이다. 불확실성으로 인한 위험은 내가 컨트롤할 수
있는 부분과 컨트롤할 수 없는 부분을 구분하여 줄일 수 있다. 우리
가 컨트롤할 수 있는 것은 정보의 질과 정보를 해석하는 능력이다.
운이라는 불확실성은 없애려고 노력하되 어느 정도는 인정해야 한
다. 그럼에도 불확실성을 최대한 줄이고 싶다면 집중투자가 아닌
분산투자가 해답이 될 수 있다. 그러나 확실한 것은 주식시장에서
는 모든 것이 불확실하다는 것이다.

악재가 나오면 급하게 발을 뺀다

시장은 주기적으로 최악의 상황을 겪어 왔다. 그때마다 우리는 '사상 최악의 시장'이라고 말했다. 투자자들이 동요하고 주식시장의 종말을 느낄 때가 바로 바닥이다. 주식시장을 비롯한 경제, 정치, 사회에서 미래를 전망하는 것은 모두의 관심사이다. 불확실한 미래를 앞당겨 현재로 불러들이는 것이 곧 이 사회의 본질일지도 모른다.

그런데 미래 전망 중에는 조만간 다가올 위기를 말하는 예가 종종 있다. 그것은 '몇 월 위기설'이라는 형태로 우리에게 다가오는데 이때 어떻게 대처할지 과거의 사례를 찾아보자. 많은 위기설과 불안 심리가 대부분 현실화되지 않고 '설'로만 끝났다는 점은 짚어 볼 필요가 있다. 이는 북한 악재의 경우도 마찬가지였다.

가장 최근으로는 4월 기업자금 위기설, 10년 위기설이 있었다. 10년 위기설은 한국경제를 비롯한 세계경제가 10년에 한 번은 위기를 맞은 예가 있다는 것이다. 최근의 코로나19사태가 그것이라면 어느 정도 맞는 것 같기는 하다. 그러나 코로나19사태를 어떻게 예측할 수 있을까. 그 외에도 최근 몇 년간의 '월 위기설'만 보면 8월 자동차산업 위기설, 신흥국 6월 위기설, 북한 3월 위기설, 4월 한반도 위기설, 등 많은 위기설이 투자자의 입을 통해 퍼져 나갔다.

이런 위기설이 주식시장에 안 좋은 소문으로 나돌게 되면 투자심리에 미치는 영향은 생각보다 크다. 대부분의 위기설은 시장 분위기가 평소보다 안 좋을 때 나오고, 또 이럴 때일수록 사람들 사이에 더욱 잘 전파되고 증폭되는 성질이 있다. 사람들은 마치 이런 이야기들을 오랫동안 기다려 왔다는 듯 소문에 집중하고 예민하게 반응한다. 이렇게 자신이 관심을 갖거나 걱정하는 문제가 귀에 더 잘 들어오는 것은 당연한 현상이다. 문제는 시장이 불안할 때는 불안한 이야기만 더욱 퍼지게 되고, 이것이 시장에 나쁜 영향을 미치는 악순환이 이어진다는 것이다.

불안감은 여러 가지 감정 중에서 사람의 정상적인 사고 활동을 마비시키는 충격 효과가 가장 크다. 고소공포증이 있는 사람이 번

지점프대 위에서 두려움에 떨고 있는데 안심하고 뛰어내리라고 해도 곧이 들릴 리가 만무하다. 이렇게 제대로 된 사고가 불가능한 상황이 되면 당연히 합리적인 판단을 하기 어렵다. 사람은 기본적으로 자신의 마음이 편하길 원하기 때문에 어려운 여건에서도 투자를 잘해 보겠다는 생각보다 당장의 불안과 괴로움을 떨쳐 내기 위한 행동을 먼저 보인다. 그래서 이때 손해를 감수한 채 주식을 팔고 시장을 떠나는 투자자가 많다.

사람들이 악재를 받아들이는 심리 시스템은 아직 원시적이다. 과거로부터 인간은 실체를 알 수 없는 위험이 감지되면 실체를 확인하기 전에 우선 도망가도록 진화해 왔다. 뱀이 나타났을 때, 독이 있는 뱀인지 아닌지 따지기보다 두려움을 느낀 즉시 도망가는 것이 생존 가능성을 높이는 방법이기 때문이다. 우리는 그렇게 살아남은 선조의 유전자를 물려받았다. 그때는 그것이 정답이었다.

이처럼 인간은 두려움을 느끼면 일단 합리적인 판단을 정지하고 무조건 도망을 가도록 설계되어 있다. 이러한 속성은 투자시장에서도 그대로 나타난다. 하지만 주식시장은 다르다. 확인할 수 없는 모든 일에 무조건 최악을 가정하는 것은 손해로 가는 길이다. 잘 모르는 악재가 터질 때마다 투자자가 가진 주식을 싼 가격에 내다 판다면 그대로 손실을 떠안는 결과가 된다. 더욱이 주식시장은 모든 뉴스가 들어오는 곳이다. 확인되지 않은 수많은 뉴스에 두려움을 느끼고 행동하면 투자는 실패하기 십상이다.

두려움이라는 감정은 기쁨, 슬픔, 노여움 등의 다른 감정과는 다르다. 그것을 느끼는 순간 생각은 정지되고 만다. 이것이 두려움의 가장 큰 폐해다. 그러나 정신력이 강한 투자자는 사람들의 두려움에 대한 과민반응 메커니즘을 깊이 이해하고 있기 때문에 다른 투자자가 두려움에 떨고 있을 때가 가장 좋은 투자 기회임을 알고 있다.

2008년 가을 글로벌 금융위기 때 그랬다. 당시 증시가 폭락할 때 세계적으로 펀드에 대한 환매 요구가 많았다. 시장이 더 떨어질 거라고 하던 유명한 비관론자들의 말이 귀에 꽂히듯이 들렸기 때문이다. 투자자들이 부정적인 말에만 귀를 기울인 것이 오히려 시장을 불안하게 하는 요인이 되었다. 9월 리먼브라더스의 파산 사태 이후에는 도저히 규모를 가늠할 수 없는 지경에 이르렀다. 투자자들이 사태를 확인하기 전에 도망부터 가면서 시장은 더욱 폭락의 나락으로 떨어졌다. 이듬해인 2009년 위기의 규모가 서서히 드러나자 시장은 다시 안정을 찾았다. 정리될 기업들의 윤곽이 드러나고 폭락한 주택시장도 조심스럽게 향후 전망이 보였던 것이다.

마찬가지로 2011년 남유럽 발 유로존의 위기 역시 강한 도미

노를 보이며 유럽 전체, 더 나아가 글로벌 경제를 강타할 것 같았다. 그리스를 비롯하여 포르투갈, 스페인, 이탈리아까지 위기가 연결되면 유로존이 깨지는 시나리오까지 시장에서는 횡행했다. 그러면서 세계 경제의 한 축을 구성하는 유럽의 총체적 위기와 애당초 유로존을 만들 때의 잘못된 유로정책과 중앙은행의 기능 부재 등을 사람들은 비판했다. 유로존 위기가 어떤 식으로 발전할지는 알 수 없지만 미국의 저명한 투자칼럼니스트인 래리 퍼티그Larry Fertig의 말을 기억해 두자. 그는 시장과 경제의 안 좋은 뉴스들이 많이 나와 사람들이 걱정하자 이렇게 말했다.

"걱정할 일은 항상 있어요. 문제는 시장이 충분히 걱정을 했는지의 여부이죠. 걱정을 다 마치면 시장은 반등할 겁니다."

추측성 악재로 시장이 하락하면 이것은 곧 투자하고 싶은 주식을 싸게 살 수 있는 기회가 된다. 모두가 주목하는 미래의 악재는 대부분 현실화되지 않았다. 결국 현명한 투자자에게 그것은 악재보다 호재에 더 가까웠다.

수익이 커질수록 원금을 늘린다

경제학에는 한계효용의 체감법칙이라는 이론이 있다. 이 이론은 쉽게 말하면 동일한 상품의 소비가 증가함에 따라 사람들의 만족도 변화를 설명한 것이다. 예를 들어, 배고픈 사람은 처음 먹는 빵이 제일 맛있게 느껴지며 이어 두 개, 세 개째 빵을 먹으면 빵의 맛과 가치는 감소하게 된다. 단순하게 계산하면 빵을 하나 먹을 때에 비해 열 개 먹을 때 만족도가 열 배 늘어날 것이라 생각하지만 현실적으로 그렇게 많이 먹을 수 있는 사람도 없을 뿐더러 그렇게 만족을 느끼는 사람도 없다.

마찬가지로 돈에 관해서도 이런 한계효용의 법칙이 있다. 전망이론이라고 하는데, 한계효용의 체감법칙과 차이는 빵은 많이 먹으면 먹을수록 만족도가 마이너스로 가지만 돈은 아무리 벌어도 만족도가 마이너스로 가지 않는다는 점이다. 돈을 너무 많이 벌어서 기분이 나쁜 사람은 없는 이치이다.

전망이론에 의하면, 25세인 A는 밤새 아르바이트를 하여 1000만 원을 모았다. 이때의 만족도는 첫 번째 빵을 먹을 때처럼 엄청나다. 마치 세상을 다 가진 것과도 같은 기분이 된다. 그 후로 추가로 돈을 모은다. 2000만 원, 3000만 원으로 잔고는 늘어나지만 나중에 번 1000만 원은 처음 번 1000만 원과는 차이가 크다. 그래서 처음의 만족을 찾기 위해 더 큰돈을 벌려고 한다. 이렇게 벌면 벌수록 충족시켜야 할 기대치는 더욱 늘어난다. 쇼펜하우어가 '재산은 바닷물'이라고 했던가. 모으면 모을수록 그것에 대한 갈증은 더 커진다. 돈을 벌수록 만족은 더 멀리 가버린다.

투자할 때도 사람들은 이렇게 기대치를 늘려 간다. 가난한 초심은 온데간데없고 탐욕만이 그득한 채 투자한다. 큰 수익을 바라고 풀 베팅을 하거나 돈을 빌려서 하는 등의 위험을 늘려가는 것이다. 원금 5000만 원을 갖고 투자를 한 투자자 100명이 있다. 이들이 좋은 주식을 찾은 노력과 운이 맞은 덕에 지금 1억 원이 되었다면 다음 단계에 어떻게 투자를 할까. 필자가 만난 투자자들의 예를 들자면, 99명은 1억 원으로 바로 전액 투자를 한다. 5000만 원은 이미 벌었고 더 큰 액수를 벌어야 기대치를 충족시키기 때문이다.

그런데 이렇게 재투자를 할 때는 시장이 활황을 유지할 수도 있겠지만 고점에 가까운 시기일 가능성이 높다. 고점일수록 투자의 전망이 더 좋게 보이나 저점에서 5000만 원을 투자했다면 고점에서는 오히려 줄여서 투자해야 한다. 저점에서는 적은 금액을 투자하다, 고점으로 갈수록 투자금을 늘려 투자를 한다면 오히려 더 큰 손해를 볼 수 있다.

지난 2008년의 글로벌 금융위기에 미국의 투자자 중 주식을 산 사람은 주로 60~70대 노인투자자였다. 당시 워런 버핏을 위시한 노년층 투자자의 적극적인 투자는 이해하기 어려울 정도로 무모해 보였다. 그해 말 버크셔 헤서웨이에 대한 실적 부진 등으로 많은 사람들이 "이제 버핏은 끝났어"라고 말했지만 지금 보면 그때가 정확히 바닥권이었다. 하지만 대부분의 투자자들은 고점에서부터 풀 베팅을 한 상태이기 때문에 장세가 바닥이라고 생각해도 투자자금이 없는 상황이 발생한다.

이렇게 풀 베팅은 시장이 바뀔 때 투자자를 속수무책으로 만든다. 투자에선 항상 움직일 수 있는 상태를 유지하는 것이 중요하다. 결국 풀 베팅의 욕심 뒤에는 벌면 벌수록 커지는 기대치에 대한 함정이 자리 잡고 있는 것이다.

시세를 예측할 수 있다고 자신한다

2009년 한 해 코스피는 약 45퍼센트 상승했다. 같은 기간 기관투자자의 평균수익률은 39.5퍼센트가 나온 데 반해 개인투자자의 수익률은 마이너스 4.7퍼센트라는 아주 실망스러운 통계가 나왔다. 반면 외국인투자자의 평균수익률은 코스피 상승 이상일 것으로 추정된다. 거래주체가 개인, 기관 그리고 외국인뿐이므로 기관투자자와 개인투자자의 평균수익률을 제한 나머지가 외국인투자자의 몫이 되는 것이다.

그러면 개인투자자들은 왜 강세장에서조차 이렇게 저조한 수익률을 보이는 것일까? 그 실마리를 부동산투자에서 찾아볼 수 있다. 부동산에서는 시장의 상승률이 곧 개인투자자의 수익률이라고 볼 수 있다. 왜냐하면 기관이나 외국인은 거의 투자하지 않고(주거형 부동산에서 기관과 외국인 투자는 매우 미미하다) 개인들만 부동산에 투자하는 데다 또 개인은 부동산을 장기로 보유하고 거주하기 때문이다.

이렇게 개인투자자가 부동산투자에서는 수익을 내는데 주식투자에서는 어려움을 겪는 이유는 무엇일까? 그것은 부동산과 주식의 시세 시스템의 차이 때문이다. 주식시세는 매분 매초 시세 변동이 즉각 반영되어 투자자의 마음을 시시각각 흔들어 놓는다. 밤잠을 설치게도 하고 주말을 망쳐 놓기도 한다. 주식투자에서 시세는 투자를 어렵게 하는 가장 큰 요인이다. 시세 때문에 단말기에서 눈을 떼지 못한다. 자나 깨나 투자한 주식의 시세 변동을 체크해야 하고 그것에 빠져 벗어나지 못한다. 시세를 자주 체크한다고 투자가 잘되는 것도 아닌데 말이다.

그렇게 계속 시세 변동을 눈으로 좇다 보면 어느새 시세를 예상할 수 있게 되었다고 생각한다. 아침에 일어나 경제신문을 보고 자신이 보유한 주식의 가격 변화를 보면서 "아, 내가 예상한 게 맞았어" 하는 식이다. 하지만 정말 시세를 예측하고 있는 것일까? 다음의 사례를 보자.

필명 '둥글게'가 모 인터넷 주식투자 사이트에 처음 등장한 것은 2007년 7월이었다. 당시는 주식시장이 2003년 1월을 기점으로 상승세를 보이며 코스피 지수가 2000포인트를 상회하는 초강세장일 때였다. 이때 앞으로 코스피 지수가 3000포인트까지 갈 것을 예견하는 글을 게시판에 올리며 처음 나타난 '둥글게'를 눈여겨본 투자자는 거의 없었다. 그의 예측 이후 주식시장은 정반대로 폭락하여 8월 중순까지 1600포인트대까지 밀리고 말았다. 프랑스의 BNP 파리바의 특정 투자에 대한 환매금지 발표가 나왔던 것이다. 그러자 피해를 입었는지 둥글게의 활동은 잠시 소강상태를 보였다.

하지만 그가 글 올리기를 중단한 지 얼마 안 되어 시장은 반등하여 다시금 2000포인트 선을 돌파하고 마침내 최고지수인 2080포인트대까지 올랐다. 이때 다시 나타난 둥글게는 그해 말 코스피 지수가 3000포인트까지 갈 것이라고 예측한 사실을 다시금 강조했다. 글이 올라오자마자 시장은 돌발적인 차이나쇼크로 또 다시 폭락하기 시작하여 순식간에 1500포인트대까지 떨어졌다.

그후 둥글게는 A주식이 좋아 보인다는 글을 갤러리에 남겼다. 그러자 14만 원대였던 A주가는 전직 임직원의 회사 핵심기술 유출 사건이라는 악재를 겪으며 그달 말 9만 원 이하까지 폭락하고 말았다. 2008년 1월 초 힘을 추스른 듯한 둥글게는 B전자 주식을 매수했다는 글을 올렸다. 이틀 뒤 B전자가 생산한 노트북컴퓨터의 배터리가 폭발하는 사고가 터졌다. 이에 12만 원대의 B전자 주가는 그대로 8만 원대로 떨어졌다. 곧이어 둥글게는 B전자 주식을 팔겠다는 글을 올렸다. 하지만 주식은 단기로 바닥을 친 이후 가파른 상승세를 보이며 5월에는 15만 원대까지 상승한다.

시장과 주가에 대한 예측이 연이어 정확히 반대로 적중하자 그때부터 네티즌은 조금씩 둥글게를 주목하기 시작했다. 사실 게시판에는 둥글게 이외에도 시장을 반대로 예측하는 자칭 고수가 많았다. 그러나 그처럼 높은 적중률을 보인 사람은 없었다. 물론 반대지만 말이다.

그의 신화는 여기서 그치지 않는다. 직접 매매에서 자신감을 잃은 그는 게시판에서 활동하는 현역의 재야 고수들을 벤치마킹하겠다고 선언하며 그들을 나락으로 함께 떨어뜨리기도 했다. '긔'라는 필명을 쓰는 단기매매 고수도 예외는 아니었다. 둥글게가 '긔'의 전략을 그대로 따르겠다고 밝히자 마자 그의 수익률은 형편없이 고꾸라지고 말았다. 그때부터 사람들은 둥글게의 저주를 이야기하기 시작했다. 증권사가 주최하는 실전투자대회에 참가하여 수익률 1위를 기록하던 '구나미'라는 필명의 네티즌 역시 둥글게의 저주에서 벗어나지 못했다. 둥글게가 구나미의 투자방식을 따라 하겠다고 밝힌 그날 8000여만 원의 손해를 보고 바로 100위권 밖으로 밀려난 것이다.

그의 예상이 나오는 족족 반대로 맞아떨어지자 네티즌들은 둥글게의 말에 귀를 기울이기 시작했다.

"둥글게는 시장을 어떻게 보고 있지?"

"지금 어떤 종목을 매매하고 있는 거야?"

그의 활동 내용은 어느새 게시판 내에서 초미의 관심사가 되었다. 그러던 어느 날 둥글게는 자신이 고3이므로 수능 준비 때문에 당분간 게시판 활동을 줄이겠다는 장문의 글을 남기고 떠났다. 수많은 네티즌은 정확히 시장과 주가를 거꾸로 짚어 주었던 그가 떠나자 투자 지표를 잃고 망연자실해 했다. 그해 말이 되자 네티즌들은 다른 이유로 걱정하기 시작했다. 수능이 끝나서 둥글게가 돌아와 활동을 시작하면 코스피가 한 차례 더 폭락할까 두려웠기 때문이었다.

이 이야기는 인터넷에 떠도는 것으로 사실인지 확인할 수는 없지만 실제로 수많은 투자자들이 둥글게와 같은 투자 패턴을 보인다. 자신이 군중심리에 의해 다른 사람의 예측을 메아리처럼 따라하고 있는 건 아닌지 생각해 볼 필요가 있다. 이를 방지하기 위해서는 시장의 소문이나 범람하는 예측에 휘둘리지 않을 자신만의 투자 기준을 세워야 한다.

아니다 싶으면
되팔 수 있다고 자신한다

주식이나 펀드는 상대적으로 매매가 자유롭다. 지금 주식을 샀다가 아니다 싶으면 바로 되팔 수 있다. 팔고 들어온 돈으로 당일 다른 종목에 투자할 수도 있다. 하루에 몇 번이든 가능하다. '아니다 싶으면' 바로 팔 수 있는 편리함이 주식투자의 장점이다.

하지만 '아니다 싶으면'이 문제이다. 주식투자자가 자신이 투자할 주식에 대해 깊이 연구하지 않아도 시세에 따라 다른 주식으로 옮기면 이익을 낼 수 있다는 안일한 생각이 반영된 것이기 때문이다. 2000만원짜리 승용차를 사기 위해서는 여러 군데 대리점에 가서 상담 받고 인터넷을 통해 자동차를 평가한 시승기도 읽으면서 연구하지만 주식이나 펀드의 투자결정은 중간 과정을 생략하고 일순간 처리한다. 봐서 '아니다 싶으면' 되팔 수 있기 때문이다. 자동차는 샀다가 바로 되파는 순간 중고차가 되어 엄청난 감가상각이 되기 때문일 까. 그러니 매매는 작게 되고 연구해 놓은 기업에 대한 지식이 없으니 소신 있는 투자는 어렵다. 시장이 흔들릴 때마다 자신이 보유한 주식에 대한 믿음을 시험당한다. 결국 시장의 움직임에 편승하여 뇌동매매하게 된다.

이런 함정에도 불구하고 부동산투자의 경우처럼 혹은 외국인 투자자처럼 수익을 낼 수 있는 방법은 있다. 그것은 개인의 부동산투자와 외국의 연기금 투자방식처럼 단기시세에 연연하지 않고 장기 투자를 하는 것이다. 이를 가능하게 만든 것이 바로 자동으로 불입되는 적립식 펀드투자이다. 적립식 펀드투자자는 시세변동에 별로 휘둘리지 않는다. 시세가 오르면 돈을 벌어서 좋고 시세가 내리면 더 싸게 투자하게 되어서 좋다. 즉, 투자심리가 흔들리지 않는다. 이것이 투자할 때 가장 중요하다.

이런 좋은 점에도 불구하고 적립식 투자를 권유하면 대부분의 투자자는 이렇게 이야기한다. "이 돈은 금방 쓸 돈이라 길게는 못 봅니다" 또는 "돈이 얼마나 된다고 쪼개서 투자하나요. 아니다 싶으면 팔지요." 하면서 한 주식에 전액을 투자한다. 이렇게 무계획적인 투자는 성공을 운에 맡길 수밖에 없다. 피땀 흘려 모은 재산을 운에 맡길 것인 가. 충분히 조사한 후 투자할 것인가.

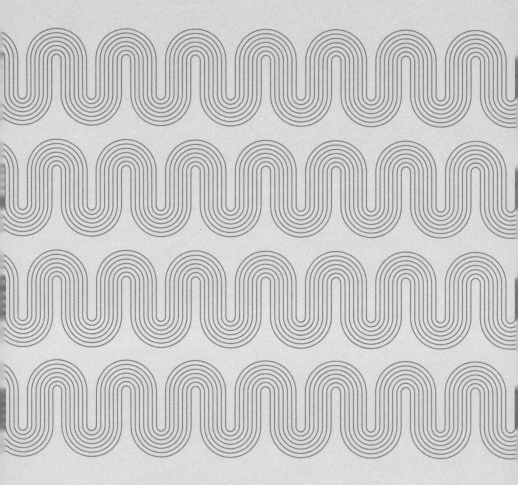

3장

프로를
벤치마킹하라

투자방식은 어떻게 만들어지는가

유명한 투자자의 투자방식은 어떻게 만들어지는지 궁금할 것이다. 주식투자는 경제활동이다. 주가의 움직임은 기업 활동의 결과치이기도 하고 주식시장에 참여하는 투자자의 매매패턴에 의해서도 영향을 받는다. 따라서 투자의 핵심은 주식 즉, 기업과 주식시장의 많은 요인 중 어떤 요인의 변화가 주가에 어떻게 영향을 주는지를 나름대로 연구해서 투자방식에 적용하는 것이다.

투자방식은 쉽게 만들어지지 않는다. 투자의 대가도 고심하고 또 고심하여 완성시켜 나가는 것이다. 이 과정에서 나름의 가설을 세우기도 하고 증명하려는 노력도 한다. 투자하는 데 철학까지 들먹거리는 이유도 많은 생각과 고민 속에서 만들어지는 것이기 때문이다.

투자의 대가라는 사람들을 유심히 보면 그들은 모두 자신만의 고유한 투자방식을 갖고 있다. 반드시 대가가 아니더라도 다년간 소신을 갖고 주식투자를 해 온 투자자 중에는 자신만의 방식을 갖고 있는 경우가 대부분이다. 그들이 쓴 많은 책이 그 증거이다. 그들은 자신만의 투자방식대로 투자에 성공할 수 있는 기회를 기다리고 결국 자기 것으로 만든다.

가치주에 투자하는 대가의 철학은 이렇다. 시장이 효율적이라는 가설은 이상적인 생각일 뿐 현실적으로는 그 가치를 정확히 반영하지 못한다.(시장이 효율적이라는 뜻은 시장에 나온 정보가 그때그때 바로 주가에 반영되어 저평가되거나 고평가되는 상황이 없는 이상적인 상태를 말한다. 이 상태에서 좋은 재료를 알고 주식을 사면 수익을 낼 수 없다. 주가에 재료가 이미 반영되었기 때문이다. 하지만 실제로 시장이 이처럼 완벽하게 효율적일 수는 없다.) 그러므로 실제로 거래되는 주식 가격은 기업의 가치에 비해 고평가되었을 수도, 저평가되었을 수도 있다. 이러한 부분에서 투자 기회를 잡는 것이다.

가치주나 저평가주에 대한 반대 철학도 가능하다. 현재 거래되는 가격이 곧 현재의 가치를 반영한다는 가설이다. 따라서 주식의 현재가는 존중되어야 한다는 것이다. 이런 철학을 갖는 투자자는 기업가치를 절대적이기보다 유동적이라고 생각한다. 움직이는 기업에 정적인 개념은 의미가 없고 지난 분기 혹은, 작년도에 나온 숫자에 대한 평가가 주가로 나타난다는 것이다. 어떻게 보면 매우 합리적인 개념이다. 투자를 정적인 개념보다 동적인 개념으로 보는 시각이다.

이처럼 우리도 나만의 투자방식을 만들기 위해서는 우선 자신이 어떤 투자 성향을 갖고 있는지, 주가의 움직임이 무엇에 영향을 받는지를 먼저 연구해야 한다. 주가의 움직임은 기업의 성장성에 따라 움직인다든지, 저평가되어 있지만 투자할 만한 가치가 있는 기업에 투자해야 주가 상승에 긍정적일 것이라든지, 건실한 기업에 투자해서 장기적으로 안정적인 수익을 내겠다든지, 지금 형편없는 기업이라고 평가될지라도 경기 변동에 의해 주가가 급상승할 가능성이 큰 기업에 투자해야 한다든지 하는 평소 자신만의 투자관을 생각해 보아야 한다. 워낙 기본 지식이 없어 그런 판단이 불가능하다면 지금부터 틈틈이 연구해 보면 된다. 이런 연구 자체가 곧 주식투자이다.

투자관의 대략적인 윤곽이 서면 그 다음에는 세부적인 투자를 결정하는 데 필요한 기준을 만든다. 언제 어떤 주식을 매수하고 언제 매도할지 그 기준을 세우는 것이다. 그러고 나면 투자를 하게 되는데 많은 주식을 연구하면서 기준에 들어오는 주식이 있는지, 여러 종목이 한꺼번에 들어온다면 어떻게 할지, 하는 지엽적인 것을 판단하면 된다.

현실적으로 이 정도의 투자 철학을 개인투자자에게 가져 보라고 이야기하는 것은 과하다고 생각할지 모른다. 평균 투자금액 1000만 원 남짓한 개인투자자가 그렇게까지 하기에는 현실적으로 어렵다고 반박할 수도 있다. 무조건 새로운 투자방식을 만들라는 것이 아니다. 이번 단계에서 다양한 투자방식을 접할 수 있을 것이다. 고수들의 검증된 투자방식을 분석하고, 자신이 어떤 투자방식에 도전할 수 있을지 시뮬레이션하다 보면 그것 역시 투자 공부가 될 것이다.

나만의 전문 분야를 만들어라

투자 강연을 다니다 보면 많은 투자자를 만나게 된다. 그중 투자 경력이 많은 투자자를 만나면 꼭 물어보는 질문이 있다. '어떤 투자방식을 갖고 있는가?'이다. 그러면 십중팔구 "투자전략이요? 좋은 주식 쌀 때 사서 오르면 파는 게 전략이지요. 그것 말고 별다른 방법이 있나요?"라고 답한다. 이는 전략이 없다는 말과 같다.

어릴 때 동네축구를 할 때는 전략 따위는 없었다. 모두 공명심에 불타 축구공 하나에 수십 명씩 달라붙어 달렸다. 누구든 어떻게든 골만 넣으면 이기는 게임이었기 때문이다. 그러니 모두 볼만 쫓아다니고 나중에는 지쳐 나가떨어지기 일쑤였다. 개인투자자가 주식투자를 하는 모습이 꼭 이렇다. 무조건 된다고 하는 주식에 몰리고 시장을 과열시켰다가 주가를 다시 떨어뜨린다. 투자방식이 없어서이다.

투자전략이라는 말은 사람마다 다른 의미로 쓰이지만 증권사에서는 올해의 경제와 주식시장의 전망이 이러저러하니 상승할 주식과 이에 대응하는 법을 소개하면서 투자전략이라고 한다. 예를 들어, 블루칩 장세에는 블루칩 위주의 추천, 테마주 장세에서는 새롭게 조명되는 테마주를 소개하는 식이다. 증권사의 분석 자료는 투자 정보의 적시성이 반영된다. 이때의 투자전략은 중단기적으로 주가 상승 가능성이 있는 주식에 투자하는 것이다.

이렇듯 일반적으로 투자전략이라는 말은 단기투자전략의 의미로 쓰이는데 때때로 나만의 투자방식과 혼용해서 쓰는 경우가 있어, 이 책에서는 개인투자자가 자신만의 투자 기준을 정하는 방식을 '투자방식'이라는 용어로 통일하기로 한다. 즉, 투자방식이 있다는 것은 나만의 투자 기준이 있다는 것이고 이에 따라 주식을 사고 판다는 것이다.

많은 투자자가 장세에 따라 투자방식을 바꾼다. 저가주 장세에서는 저가주 주식에 투자를, 테마주 장세에서는 테마주에 추격매수를 하는데, 때로는 누군가가 알려준 재료주에 투자하기도 한다. 일견 유연성 있는 투자 같아 보이지만 달리 말하면 자신만의 투자방식이 없다는 말과 같다. 물론 투자방식을 약세장과 강세장에 따라 달리 정할 수도 있다. 그러나 그렇게 되면 단기간의 투자방식이 될 수 있으므로 여기서는 장기간에 걸쳐 일정하게 적용할 수 있는 것만을 투자방식으로 정한다.

또 어떤 투자자는 여러 주식에 투자하면서 장기투자용, 주가의 추세를 전환시키는 재료나 주가가 변할 수 있는 근거를 이용한 모멘텀투자용, 가치투자용 등 다양한 방식을 한꺼번에 쓰기도 한다. 이는 전쟁으로 비유하자면 다양한 상황의 전쟁터에서 동시에 전투를 벌이는 것과 같다. 이렇게 하면 다양한 싸움법을 익힐 수는 있겠지만 힘겨운 싸움이 된다. 싸움에서 이기기 위해서는 항상 적을 내게 유리한 상황으로 끌어들여야 한다. 그게 안 되면 때를 기다리기도 해야 한다.

개인투자자가 모든 전투에 참여하게 되면 전문성이 떨어지므로 결국 어느 전투에서도 이기지 못한다. 개인투자자는 기관투자자나 외국기관투자자에 비해 여러 면에서 열위임을 인정해야 한다. 그래야 강한 적과 맞서 이기기 위한 자신만의 전투 방법을 개발할 수 있다. 그 다음 자신이 개발한 전술이 가능한 환경을 기다려 공격하는 것이다.

투자의 대가는 대부분 매우 한정된 분야의 투자만을 고집한다. 주식투자뿐 아니라 의사나 변호사 또한 전문 분야가 세분화되어 있지 않은가. 같은 성형외과 의사라도 전문 부위가 따로 있으며, 변호사도 기업 전문, 인수합병M&A 전문부터 민사, 이혼까지 전문 분야가 있다. 투자에서 성공하려면 이렇게 나만의 투자 전문 분야를 개발해야만 한다. 뮤추얼펀드 매니저는 투자금의 규모와 기간을 고려해 여러 가지 전략을 동시에 쓰지만 개인투자자는 자신만의 판에서 수익을 내는 방법을 연구해야 성공할 수 있다. 전쟁에서 이기려면 이길 수 있는 곳에서 전투를 해야 한다.

개미야말로
더 철저히 계산적이어야 한다

가끔 어떤 투자자는 좋은 투자법이 있으면 소개해 달라고 요청을 한다. 그대로 따라 하겠다는 것이다. 물론 참고로 하는 것은 가능하다. 하지만 그대로 따라 하는 것은 거의 불가능하다. 왜냐하면 오랜 시간 동안 한 가지 투자방식으로 투자를 해봐야 그 방식에 대한 확신이 서는 데 다른 사람에게서 주어진 방식은 그런 과정이 없기 때문에 이해도의 세밀함과 믿음이 없기 때문이다. 이는 투자실패를 자처하는 일이다.

나의 조건이나 성향에 맞는 투자방식을 만들었다고 하더라도 시장에서 몇 번의 상승기나 하락기를 겪으면 상당기간 수정과 보완의 과정을 거쳐야 나만의 투자방식에 대한 신뢰를 가질 수 있다.

주식시장에 큰 위기가 닥치거나 남이 가진 주식만 오르고 내가 가진 주식 가격은 오르지 않을 때도 평온한 마음으로 지켜볼 수 있을 정도의 신뢰가 쌓여야만 비로소 나의 투자방식이라고 할 수 있다.

시중에 나온 수많은 재테크 책 속에는 전설적인 투자 대가의 투자법부터 국내 제야 고수의 방법까지 총망라되어 있다. 그러나 투자자마다 배경지식이나 투자여건이 천차만별이므로 누구의 방법이 전적으로 옳다고 할 수 없으며, 옳다고 하더라도 누구나 바로 사용할 수도 없다.

투자 대가나 연기금 운용담당자, 펀드매니저들의 투자 지혜나 전략을 알아보기 전에, 투자방식의 중요성을 이야기했을 때 일반투자자들의 반응을 알아보자.

"그들의 전략은 매우 좋아 보입니다. 그런데 구체적으로 무슨 주식을 사고 언제 팔라는 건 지도 알고 싶어요."

"그들의 전략은 돈을 많이 가진 투자자의 생각이라서 적용하기가 어려워요. 전 투자할 돈이 얼마 안 되거든요."

"그건 시간이 많을 때 이야기죠. 저는 단기투자로 수익을 극대화하고 싶어요."

"장기적으로 투자하라는 데 나는 시장이 좋을 때만 투자를 하려고 합니다. 시장이 나빠지면 아무리 노력해도 수익을 내는 것은 사실상 어렵잖아요."

"우리나라 시장의 실정에는 맞지 않는 것 같아요. 원론적인 이야기일 뿐이죠."

"아무리 투자비법을 알려준다고 해도 핵심 비법은 아무에게도 안 가르쳐 줬을 거 같은 데요. 알맹이는 빠져 있을 거예요."

"나는 잠깐 하고 말 겁니다. 좋은 종목만 알려주세요."

빨리, 많이 그리고 쉽게 돈을 벌려는 것은 개인투자자에게 가장 위험한 생각이다. 그러면서 복잡한 이야기는 듣고 싶어 하지도, 알고 싶어 하지도 않는다. 근본적인 방법은 모른 채로 꼼수만 얻으려고 하는 것이다.

위와 같은 몇 가지 오해와 편견에 대해 투자의 대가는 어떤 생각을 가지고 있을까? 투자의 대가를 만나 단기적으로 큰돈을 버는 비법을 물어본다면 뭐라고 대답할까? 단호하게 그런 비법은 없다고 할 것이다.

대가가 자신의 투자비법을 다른 이에게 알려주는 것에 거리낌이 있다고는 생각하지 않는다. 오히려 사람들한테 가르쳐 줘도 따라할 수 없을 거라고 생각하지 않을까? 그들이 오랜 시간 고민하고 연구하고 검증한 방식이니만큼 단시간 내에 이해라고 마스터하기란 쉽지 않은 일일 것이다.

무엇보다 투자방식을 고수하는 과정이 제일 힘들다는 걸 대가는 역사를 통해 몸소 증명해 보이지 않았는가. 독일 증권시장의 우상이라 칭해지는 전설적인 투자가 앙드레 코스톨라니는 이런 말을 했다.

"경제라는 것은 가르칠 수 없는 것으로, 스스로 체험하고 살아 남아야 한다."

외로움을 이긴 자가 시장을 이긴다

주식시장에 대한 대가의 생각은 매우 깊다. 그러한 통찰력을 바탕으로 자신의 방식을 고수하기 어려운 상황에서도 외로운 싸움을 하며 자신의 방식을 버리지 않는다. 1990년대의 유명한 헤지펀드인 타이거펀드를 운용하던 줄리언 로버트슨Julian Robertson은 자신의 투자원칙과 어긋난 당시의 IT 주식장세에서 도저히 투자를 할 수 없었다. 아무 문제없던 자신의 포트폴리오의 주가는 연일 하락세를 기록했고 펀드 평가액은 매일 줄어들었다. 말도 안 되는 IT 주식이 수십 배씩 상승하는 것을 지켜봐야만 했다.

주식시장이 그런 허황된 주식들로 열광할 때 로버트슨은 아마도 엄청난 고독감을 느끼며 자신과 싸웠을 것이다. 결국 그는 2000

년에 은퇴하고 말았지만 IT 주식은 엄청난 시세의 굴곡과 매매량만 지나치게 키웠을 뿐 숫자에 의한 가치는 결국 예전의 굴뚝식으로 돌아갔다. (굴뚝산업이란 IT나 닷컴기업과 반대되는 개념으로 기존의 산업 즉, 주로 제조업을 의미한다. IT나 닷컴기업이 터무니없이 고평가 되었을 때 기존의 주식 평가방법과 다르게 평가되어야 한다는 주장이 있었으나 대폭락 이후 기업 평가 역시 예전의 방식 즉, 굴뚝식으로 돌아갔다)

워런 버핏 역시 마찬가지였다. 빌게이츠와의 친분으로도 유명한 그였지만 IT 주식투자에는 상대적으로 매우 소극적이었다. 한때 IT가 주도하는 주식시장에 대해 이런 발언도 했다. "내가 이해할 수 없는 기업에는 절대 투자하지 않겠습니다." 자신의 기준대로 투자하겠다는 소신을 밝힌 것이다.

결국 워런 버핏은 IT 주식에는 눈길 한 번 주지 않고 자신만의 방식대로 IT 버블기를 버텨 냈다. (애플이 IT주식으로 보기보다 대형 우량주로 봐서인지 투자한 것으로 안다.) 그리고 나중에 IT 주식이 붕괴될 때 그의 포트폴리오는 오히려 약간 상승하기도 했다. 어쨌든 투자는 소신대로 해야 하고 그 과정은 때론 외롭다. 주식투자에 강한 정신력이 필요하다면 그 이유는 자신의 소신대로 밀고 나가야 하기 때문이다.

대가의 투자비법을 배워라

고레카와 긴조 是川銀藏

"주식투자는 결국 자기와의 싸움이다. 주식투자로 돈을 번다는 것은 손쉬운 불로소득이 아니라 피나는 노력과 자기 극복의 인간승리다."

고레카와 긴조는 일본 '주식투자의 신'으로 알려진 투자가이다. 한때 일본에서 가장 세금을 많이 냈을 정도로 성공적이었는데 아쉽게도 그의 투자방식은 구체적으로 알려진 것이 많지 않다. 하지만 그의 투자 철학은 지금까지도 금과옥조같이 회자되고 있다.

- 주식은 타이밍이다.
- 잘 아는 종목에 투자하라.
- 주식투자는 최고의 예술이다.
- 신용 투자는 자살행위이다.
- 주가가 오르지 않고 예측이 틀릴 것 같으면 보유 주식 중 3분의 1을 우선 매도한다.

고레카와의 거북이 3법칙

첫째, 주가가 아직 바닥시세에 있을 때 우량주를 매입해 놓고 주가가 오르기를 기다린다.

둘째, 경제의 흐름을 주시하고 스스로 연구한다. 주식전문가가 권유하는 주식에 유혹되지 않는다.

셋째, 자기가 갖고 있는 자금 범위 내에서 투자한다.

구체적인 투자방식이 나와 있지 않아 따라 하기는 다소 막막한 것이 흠이나 그의 투자 철학은 얼마든지 오늘날의 투자자가 각색하여 적용해 볼 만하다. 우선 개인투자자로서 타이밍의 요소를 중요시했고 자신이 잘 아는 종목을 택하라는 충고는 너무나도 지당하다. 많은 개인투자자가 오늘 알게 된 주식을 오늘 사는 우를 범한다. 마치 중매로 결혼식부터 올리고, 살면서 알아 가는 식인데 나쁘다고만은 할 수 없지만 잘 아는 종목에 투자하는 것과 주식을 보는 관점이 다를 수밖에 없다. 또한 그는 돈을 빌려 투자하는 것에 엄청난 거부감을 가졌다. 그가 왕성하게 활동하던 1960~1980년대는 니케이지수가 자고 나면 오르는 강세장이었는데도 이런 보수적인 철학을 가진 투자자가 대가로 불린다는 것을 우리는 새겨보아야 한다.

존 템플턴 John Templeton

"강세장은 비관 속에서 태어나 회의 속에서 자라며 낙관 속에서 성숙해 행복 속에서 죽는다. 최고로 비관적일 때가 가장 좋은 매수 시점이고 최고로 낙관적일 때가 가장 좋은 매도 시점이다."

템플턴은 저평가된 주식에 투자하는 전략을 위주로 쓰는 투자가로 알려져 있다. 그는 창의적인 관점과 기업의 미래를 보는 통찰력으로 저평가된 주식을 발굴하는 데 탁월한 실력을 발휘했다. 그가 투자한 기업 대부분은 도산의 한계에서 아슬아슬한 줄타기를 하고 있었으므로 상장 폐지나 부도로 사라져 버리는 기업도 있었다. 기업을 선택하는 눈이 남달랐던 템플턴의 포트폴리오에는 당시 전문가들도 처음 들어 본 종목이 많았다고 한다.

템플턴이 나름대로의 투자방식을 갖게 된 계기는 무엇보다 그의 첫 번째 투자 성공 경험에 있었다. 1929년 미국에 대공황이 닥쳤을 때, 그는 1만 달러를 빌려 1달러 이하의 한계 주식을 종목당 100달러씩 매수하였다. 이때 전체 투자 종목 수는 104개였는데 결국 4개의 기업이 파산했지만 1년 후 빌린 돈을 다 갚았고 4년 후 보유한 주식을 모두 매도했을 때 4만 달러로 불어나 있었다고 한다. 이러한 혜안과 투자 경험이 그의 투자 철학을 완성시킨 것이다. 그는 우리나라의 IMF 시절 모든 투자자가 꺼려했던 한국 주식에 투자하여 대성공을 거둔 바 있다.

템플턴은 재무제표상의 주가수익비율PER과 영업이익률, 청산 가치와 성장률을 위주로 기본적인 판단을 했다고 한다. 외국기관투자자 중에도 좋은 주식을 추천받고 수긍하다가도 기본적인 데이터를 달라고 하는 경우가 많다. 이는 자신이 펀드를 운용하는 데 투자 기준으로 삼는 데이터의 기준 수치를 갖고 있다는 의미이다.

템플턴의 투자 철학은 어느 누구도 주식시장의 바닥과 고점을 알지 못한다는 것이다. 그렇기 때문에 자신이 할 수 있는 투자방식은 오로지 조금이라도 더 좋은 주식이 나타나면 그것으로 교체하는 것이라고 믿었다.

토마스 로 프라이스Thomas Rowe Price

"변화란 투자자가 유일하게 확신할 수 있는 것이다."

성장주 투자의 대가인 토마스 로 프라이스는 1935년 자신의 이름을 딴 투자회사 티로프라이스T. Rowe Price를 설립한 이후 줄곧 성장주 투자를 했다. 그가 성공을 거두자 수많은 투자자가 그의 투자법을 따라 했는데 1970년대가 되어 그는 성장주의 개념이 끝났다고 판단해 투자회사를 동료에게 팔아 버린다. 아니나 다를까 1970년대 초 성장주 대폭락이 일어나 주가의 70~80퍼센트가 하락했다.

그 사건 이후로 프라이스는 성장주의 개념을 몇 가지로 나누어 조정하게 된다. 설립 후 성장기 초기에 있는 미래성장주, 기업은 오래되었으나 주가가 현 가치보다 현저히 저평가된 저평가주, 마지막으로 자산관리주이다.

성장주의 5가지 조건

첫째, 상품 개발과 시장개척 능력이 있는 기업

둘째, 경쟁이 치열하지 않은 업종

셋째, 정부의 규제가 덜한 업종

넷째, 인건비가 적되 개인의 임금 수준은 낮지 않은 기업

다섯째, 매출액이익률과 주당순이익이 가파르게 증가하고 자기자본이익률ROE이 10퍼센트가 넘는 기업

이런 기업을 찾는 프로세스는 두 단계로 먼저 업종을 찾고 다음에 업종 내에서 적합한 기업을 찾는다. 요즘같이 기술의 발전이 급격히 일어나는 시대에는 썩 들어맞는 전략은 아닌 듯 보이지만 여전히 눈여겨봐 둘 만한 이야기이다. 상품 개발과 시장 개척 능력이 있는 기업은 그렇지 못한 기업과 비교해 과거보다 훨씬 큰 차이를 만드는 시대이기 때문이다.

조지 마이클리스George Michaelis

"5~10년 동안 꾸준하게 10~15퍼센트 성장할 수 있는 방법을 찾는 것이, 기업 인수로 60퍼센트의 단기수익을 올리는 가능성을

기다리는 것보다 훨씬 바람직하다."

퍼스트퍼시픽어드바이저의 사장이자 펀드 매니저인 조지 마이클리스는 1970~1980년대를 거치면 S&P500 수익의 3배의 성과를 낸 대단한 투자가이다. 그의 투자방식은 투자의 대가 벤자민 그레이엄의 투자 철학인 기업 자산이 가치 이하일 때 매수하는 것을 조금 변형하여 기업의 수익성이 자산만큼 중요하다고 판단, 수익성이 할인되어 거래될 때 투자하는 것이다. 따라서 수익성이 높다면 자산가치가 조금 못 미치더라도 높은 가격에 투자한다.

그는 100년 만에 닥치는 태풍을 염두에 두고 투자한다. 그런 일이 자주 발생하지는 않겠지만 일단 발생하더라도 그때 살아남아야 한다는 위기의식을 갖고 투자하는데 이는 1974년의 미 증시 폭락과 1987년의 블랙먼데이를 살아남은 그의 노하우가 투자 철학에 배어 있는 듯하다.

조지 마이클리스의 투자 기준

첫째, 투자 대상은 수익성이 높은 사업을 하는 기업을 원칙으로 하여 높은 자기자본이익률이 지속되는가를 본다.

둘째, 경기에 좌우되지 않거나 최소한의 영향을 받는, 수익성이 있는 기업을 주 타깃으로 한다.

셋째, 자기자본이익률이 25?30퍼센트 수준으로 지속될 만한 기업에 투자한다.

넷째, 부채비율이 높은 기업은 피한다. 수익성이 높은 기업도 이익으로 부채를 갚는 경향이 있다.

종합해 보면 현재 건실한 수익성을 내는 기업, 언제 위기가 닥치더라도 살아남을 수 있을 정도의 수준이 되는 기업에만 투자하라는 것이다.

피터 린치 Peter Lynch

"노력하는 투자자는 시장이 300포인트 오를 때보다 300포인트 떨어질 때 더 행복한 법이다."

피터 린치는 전설적인 투자가 중에서도 현재의 투자자가 가장 배울 만한 노하우를 많이 가진 사람이다. 그는 전성기에 10조 원 이상의 마젤란펀드를 운용하였다. 엄청난 일벌레로 조사 자료, 보고

서, 추천 자료만 하루 종일 읽었다고 한다. 마치 고래처럼 엄청난 바닷물을 빨아들여 작은 바다생물을 걸러내 듯 좋은 투자 대상을 거르는 것이다. 무수히 많은 기업을 방문하여 투자 대상을 직접 확인하고 각 지역에서 열리는 투자 세미나에 참석하기도 했다.

피터 린치는 초대형 뮤추얼펀드를 운용하는 펀드 매니저이기 때문에 자신만의 투자법을 고집하기보다 상대적으로 좋은 주식을 많이 보유하는 것을 목표로 했다. 펀드 규모가 엄청난 만큼 보유한 종목 수도 많았다. 그런 펀드를 장기간 관리하다 보니 업종과 기업에 대한 놀라운 혜안을 가지게 되었다. 다양한 종류의 주식과 경험을 가진 투자가인 만큼 그의 투자관은 한번 알아 둘 필요가 있다. 각 업종에 대한 분류 체계와 주식의 움직임에 대한 견해 등은 과히 모든 주식투자 방법을 아우른다고 할 수 있다.

그는 여러 전략을 골고루 썼는데 주식을 6가지로 분류하여 투자하였다. 먼저 투자하고자 하는 기업을 그 회사가 속한 업종의 다른 기업들과 비교해 규모를 파악한다. 그 다음으로 저성장기업, 대형우량기업, 급성장기업, 경기변동형 성장기업, 자산형 기업과 턴어라운드turnaround 기업으로 나누었다.

저성장기업은 한때는 고성장하였지만 성장을 멈춘 업종이 되어 버린 회사로 고배당을 받는 것이 메리트이다. 대형우량기업은 워낙 회사규모가 커서 급성장할 수는 없지만 주식시장이나 경기가 침체할 때 포트폴리오의 안전판 역할을 한다. 급성장기업은 연 20~25퍼센트의 성장을 하는 새로운 기업으로 그가 개인적으로 좋아하는 투자 대상이다. 급성장주식이라고 반드시 첨단기술 관련주였던 것은 아니고 음식료나 호텔업도 때로는 그 범주에 들 수 있다.

경기변동형 성장기업은 경기에 따라 매출과 수익이 오르내릴 수밖에 없는 업종의 기업을 말한다. 그는 자동차, 항공, 철강, 화학 업종까지 그 범주로 보았다. 경기에 민감한 만큼 경기가 호전될 때는 어느 주식보다 주가가 빨리 상승한다. 주가가 상승하면 실적이 따라오는 식으로 경기의 정점에서 실적이 더욱 올라가 저평가된 듯이 보이나 이때는 이미 주가의 한계라고 봐야 한다. 많은 투자자가 주가의 정점이지만 저평가된 상태를 보고 주식에 뛰어드는 오류를 범한다.

자산형 기업은 시장이 모르는 숨겨진 자산을 가진 기업을 의미한다. 따라서 많은 사람이 어떤 회사가 자산이 많은 지 알면 주가에는 반영된 것으로 본다. 때문에 자산형 기업을 찾기 위해서는 발로 뛰며 정보를 찾아야 한다. 마지막으로, 턴어라운드 기업은 회복하기 어려울 만큼 사업이 주저앉았다가 다시 극적으로 잃었던 기반을 만회한 기업을 말한다. 1980년대 초반의 포드, 크라이슬러, 펜 센트

럴(미국의 철도 회사) 같은 주식들로 이중 크라이슬러는 1980년대 초에 6달러에 사서 2년 후에 5배가 상승하고 5년 내에 15배까지 상승했다.

이외에도 전설적인 투자의 대가는 많다. 대가의 투자방식은 우리에게 많은 깨달음을 준다. 그들의 이야기를 통해 그 시대의 주식시장에서 가능했던 투자 방법과 사상을 엿볼 수 있다. 그들이 전략을 세우기까지 얼마나 많은 시간을 고민했으며 얼마나 고통스럽게 검증했을 지 그리고 투자방식에 신뢰를 갖게 되기까지 얼마나 많은 생각과 경험을 했을 지 상상할 수 있다.

물론 이 전략들을 그대로 따라 하기에는 어려움이 있다. 외국 증시와 한국의 주식시장의 여건이 다르고 시대가 다르기 때문이다. 외국에는 장기투자에 세금 메리트가 있어 장기투자를 장려하는 문화가 있으나(외국에서는 주식투자로 차익이 발생하면 그에 대한 일정한 비율의 시세 차익 과세를 하는데, 국가에 따라 장기 보유한 투자자들에게는 장려책으로 세금을 감면해 준다) 우리나라 투자자로서는 이들이 말하는 5년, 10년 동안의 장기투자는 현실적으로 어렵다. 30대에 주식을 사서 10년 이상 묵혀 둘 만큼 재력이 있는 투자자가 얼마나 되겠는가? 또한 모든 주식을 샅샅이 뒤져 좋은 종목을 찾을 수 있을 만한 지식과 정보망을 갖는다는 것도 개인투자자로서는 현실적이지 않다.

그러나 대가의 투자방식은 주식시장에서 검증을 거쳤던 방식임은 분명하다. 따라서 현재의 한국 투자자가 그대로 따라 하기보다는 위대한 투자가가 당시 왜 그런 투자 철학과 투자방식을 가지고 있었는지를 연구한다면 자신의 투자방식을 세우는 데 큰 도움이 되리라 생각한다.

헤지펀드는 이렇게 투자한다

투자로 다년간 수익을 내며 생존해 온 많은 프로투자자는 자신만의 전문성을 갖고 자신만의 방식으로 시장에 대응한다. 테마주 투자가 유행할 때 테마주에 올인하고, 시장하락기에는 공매도 전략을 취하며, 지수상승기에는 대형주위주로 매매하며 카멜레온처럼 변화무쌍한 전략을 취하는 대가를 본 적은 없다. 사실 이렇게 순환매매 장세를 성공적으로 타기만 하면 1년에 수백 퍼센트 이상의 엄청난 수익을 낼 것은 분명하다.

가끔 재야의 고수라고 해서 엄청난 수익을 냈다고 하는 사람들이 있다. 하지만 이렇게 수익을 지속적으로 내는 사람이 국내 최고 부자는 고사하고 대기업도 소유하고 있지 못하는 이유는 무엇일까? 투자도 로또와 마찬가지로 한 번 억세게 운이 좋을 수 있다. 그러나 주식시장의 유동성은 한 번의 운은 허락할 지 언정 한 사람에게 계속 행운을 몰아주지 않는다.

투자방식에 관해서 빼놓을 수 없는 예가 바로 헤지펀드이다. 헤지hedge란 '불확실성을 없앤다'는 의미로 시장의 유동성에 따른 위험을 줄이기 위해 고안된 것이다. 그래서 헤지펀드의 목적은 시장의 오르내림에 상관없이 절대 수익을 얻는 것이다. 기관투자인 뮤추얼 펀드도 주식시장이 오르면 벌고 내리면 손실을 보는데, 시장 상황과 관계없이 절대 수익을 추구하며 주식시장의 유동성에 정면 도전하는 펀드이다.

사실 우리는 헤지펀드에 대해 좋지 않은 선입견을 갖고 있다. 이유 없이 주식시장과 외환시장을 교란하며 치고 빠지는 수법의 투기자본, 비열한 방법으로 위기에 빠진 한 나라의 경제를 송두리째 흔들어 놓는 핫머니가 대중에게 알려진 헤지펀드에 대한 몇 안 되는 정보다. 이는 헤지펀드가 어떤 방식으로든 수익이라는 결과만을 추구하기 위해 감정을 배제한 매뉴얼화된 투자 시스템을 운영하기 때문일 것이다.

대부분의 헤지펀드는 보수적으로 그들만의 투자방식을 고수하고 검증하여, 어떠한 시장 상황에서도 신뢰할 수 있도록 만든다.

절대로 펀드 매니저가 설명할 수 없는 감이나 경험을 가지고 독단적으로 투자를 결정하지 않는다. 만약 펀드 매니저의 감만으로 투자가 이루어졌다면 장기간에 걸쳐 수익을 내는 것은 불가능했을 것이다. 금융계통에서도 최고로 우수한 두뇌가 모이는 헤지펀드가 엄청난 정보력에도 불구하고 일정한 전략만을 고수하고 이외의 방법은 생각하지도 않는 것은 나름의 이유가 있을 것이다.

이번 장에서는 헤지펀드가 많이 사용하는 롱숏long-short, 이벤트드리븐event driven, 글로벌매크로global macro, 숏셀링short-selling 등의 투자방식을 몇 가지 알아볼 것이다. 개인투자자가 그들의 방법을 따라 하기에는 주식, 채권, 통화와 공매도 등을 넘나드는 매매를 해야 하기 때문에 제한이 많다. 하지만 그들의 매매방법을 알면, 투자방식의 필요성과 전략도 없이 투자하는 것이 얼마나 무모한 것인지 알게 될 것이다.

롱숏 전략

주식시장이 생겨난 이후로 많은 사람들이 시장의 미래를 읽기 위해 노력했다. 하지만 확률은 너무나 낮았고 다른 방법을 연구해야 했다. 결국 주식시장의 움직임과 상관없이 수익을 내는 방법, 롱숏 전략을 만들었다.

헤지펀드가 최근 들어서 가장 많이 쓰는 투자전략이 바로 롱숏 전략이다. 1949년 헤지펀드를 사상 처음으로 시작한 알프레드 존스라는 펀드 매니저가 시도한 것도 롱숏 전략이었는데 1980~1990년대 헤지펀드 전성기에서는 오히려 소외되기도 했다.

롱숏 전략은 한 마디로 올라갈 것으로 예상되는 주식에 롱^{long}을 걸고(주식을 사고) 덜 오를 것 같거나 하락할 것 같은 주식은 숏^{short}을 거는(공매도하는) 방법이다. 시간이 갈수록 좋은 주식이 그렇지 못한 주식에 비해 상대적으로 더 오르는 것을 이용하여 차익을 얻으려는 것이다. 이 전략은 무엇보다도 주식시장의 변동과 상관없이 수익을 얻을 수 있다는 데 매력이 있다. 수백 년간 주식시장의 미래를 읽으려는 노력이 무위임을 깨달은 투자자들이 노력의 대가로 발견한 투자방식으로, 좋은 주식과 그렇지 못한 주식을 가려내는 데 집중하는 방법이다.

예를 들어 A자동차 주식과 B자동차 주식이 현재 주식시장에서 각각 1만 원에 거래되고 있다고 하자. 롱숏 전략을 구사하는

XYZ헤지펀드 매니저는 A자동차 주식이 B자동차 주식보다 제품 개발 능력, 시장점유율 증가 등에서 우세하다고 판단한다. A자동차 주식의 투자 전망이 더 좋다고 판단한 것이다. 그래서 A주식 100주를 매수하고 같은 금액, 즉 100주의 B주식을 공매도한다.

이때 주식시장이 큰 악재를 만나 40퍼센트 하락하자 A자동차 주식은 상대적으로 덜 떨어져 35퍼센트 하락한 6500원이 되었고, B자동차 주식은 상대적으로 더 떨어져 45퍼센트 하락한 5500원이 되었다. 좋은 주식은 덜 하락하고 안 좋은 주식은 더 하락하는 것은 당연하다. 그러면 현재의 평가금액으로 수익을 따져 보자.

A주식은 1만 원에서 6500원으로 하락했고 100주를 투자했으니 롱함으로써 발생한 손실은 35만 원이다. B주식은 1만 원에서 5500원으로 하락했으니 숏해서 생긴 이익은 45만 원이다. 35만 원의 손실과 45만 원의 이익을 합하면 10만 원의 이익이 생긴다. 주식시장이 40퍼센트 하락했지만 이익이 발생할 수 있다는 뜻이다.

이번에는 주식시장이 40퍼센트 상승했다고 가정하자. A주식은 조금 더 상승하여 1만 4500원, B주식은 그보다 못한 1만 3500원이 되었다. A주식을 롱함으로써 발생한 이익은 1만 원에서 1만 4500원까지 상승했고 100주를 투자했으니 45만 원이다. 또 B주식을 숏해서 생긴 손실은 1만 원에서 1만 3500원까지 상승했으니 35만 원이다. 그리하여 45만 원의 이익과 35만 원의 손실의 합은 역시 10만 원의 이익이 된다. 주식시장이 상승하여 숏으로 인한 손실이 발생했으나 주가의 차별화로 이익은 남는다.

예상한 대로 A자동차 주식이 B자동차 주식보다 평가가치가 높기만 하면 주식시장의 움직임과 상관없이 절대 수익을 추구할 수 있는 투자전략이다. 문제는 어느 자동차 회사가 더 나은가를 가려내는 일이다. 만약 이 분석이 엇나간다면 그야말로 재앙이 된다.

롱숏 전략의 장점은 주식시장의 등락에 대해서 신경을 접을 수 있고, 불확실한 주식시장 전망에 시간을 할애하는 대신 통제 가능한 기업 분석에 시간과 노력을 집중할 수 있다는 점이다. '내가 어떻게 할 수 없는 것은 받아들이고, 해 볼 수 있는 것은 바꾸는 용기'를 갖는 전략이다. 산업을 잘 알고 기업 분석에 능한 애널리스트 출신의 헤지펀드 매니저가 롱숏 전략을 많이 한다.

개인투자자가 롱숏 전략을 쓰는 것은 현실적으로 장애가 있다. 우선 숏을 할 주식을 빌리는 것이 개인투자자로서는 원활하지 않다. 개인으로서 빌릴 수 있는 주식 수도 소량이고 거래하는 증권사가 해당 주식을 보유하고 있어야 하며, 증권사가 상당 기간 매도

하지 않을 주식이어야 빌려줄 것이다. 헤지펀드는 증권사보다 큰 투자기관과 접촉해 대량의 주식을 장기간 빌린다.

헤지펀드는 글로벌을 무대로 활동하는 펀드가 많기 때문에 스웨덴의 X자동차 주식을 숏하고 한국의 Y자동차 주식을 롱하는 형태로 갈 수도 있다. 이때 우리나라 개인투자자가 접하는 사실은 외국인이 Y자동차 주식을 많이 산다는 것뿐이다. 헤지펀드는 우리나라 주식시장이 오르는 데 베팅한 것이 아닌 한국의 Y자동차가 스웨덴의 X자동차보다 투자가치가 높다는 것에 베팅한 것이다.

이런 롱숏 전략을 쓰는 헤지펀드가 많이 활동한다면 주가 간의 양극화가 심화될 수 있으나 주가의 제 가치가 바로 반영되어 시장의 효율성은 더 높아질 수 있다. 우리나라 기관들은 헤지펀드 초기에 이 전략을 쓰는 경우가 많으나 무엇보다 원하는 주식을 원하는 만큼 빌리는 것이 원활하지 않은 듯하다.

전문적인 롱숏 전략을 효과적으로 사용하기 위해서는 무엇보다 롱 매니저와 숏 매니저의 역할을 명확히 구별해야 한다. 롱 매니저는 일반적인 펀드 매니저와 비슷하지만 숏 매니저는 전문성이 요구되는 분야로 단순히 롱 매니저의 관점을 뒤집어 생각하는 것과는 전혀 다른 문제이다. 예를 들어 2만 원짜리 주식을 숏해서 주가가 0원이 된다면 주당 2만 원을 버는 것이다. 그러나 10만 원이 되거나

20만 원이 된다면 손실은 걷잡을 수 없을 만큼 커진다. 그때 느끼는 공포는 롱 매니저로서는 경험해 본 적이 없는 것일 수 있다.

롱숏 전략의 효과적인 활용법 두 번째는 상장기업 리서치의 출처와 대상을 명확히 해야 한다는 것이다. 만약 그렇지 않다면 A증권사에서 X회사 주식의 매수를 추천하는 것과 B증권사에서 Y회사에 대한 중립의견을 비교하는 경우가 생길 수 있다. 사과와 사과를 비교해야지 사과와 배를 비교해서는 의미가 없다.

마지막으로, 한 주식시장에서 두 주식 간의 괴리에 베팅을 거는 경우는 단기적으로 충분한 간격이 나와야 한다는 것도 눈여겨봐야 할 요인이다. 한 시장 내의 같은 업종의 기업은 동기화하는 경향이 있기 때문이다. 만약 현대차에 롱을 걸고 기아차에 숏을 걸었다고 할 때 주가의 차가 연 5퍼센트 정도일 경우, 여러 비용을 제하고 나면 은행 금리도 안 나오는 상황이 될 수 있다. 그러므로 순이익을 얻을 수 있는 충분한 괴리가 나오는가도 꼭 감안해 봐야 한다.

이벤트드리븐 전략

주식시장에는 여러 가지 이벤트가 있고 그때마다 주가 변동이 생긴다. 이 기회를 노려 치고 빠지는 전략이 이벤트드리븐이다.

이벤트드리븐은 기업 활동과 관련하여 수익 기회를 극대화하는 방법으로 기업 간 M&A나 분사, 증자, 기업구조 재편 등의 이벤트로 인한 주가 변동 과정에서 수익을 창출하는 전략이다. 주식시세는 시장의 효율성을 기본으로 하지만 기업에서 일어나는 여러 인위적인 일(이벤트)에 민감할 수밖에 없다. 이때 발생하는 시세의 괴리를 순간 포착하여 차익 기회를 얻는다.

경기 침체 때는 기업의 분사, 자산매각 등이 활발히 진행되고 파산하는 기업도 많이 생겨난다. 이때 구조조정, 부실채권 등의 가격 차이를 이용한 이벤트드리븐이 가능하다. 부실채권투자는 시장 가격 산정의 비효율성에서 이익을 얻을 수 있다.

이벤트드리븐의 대표적 유형은 합병 차익 거래이다. 가장 전형적인 형태로 공개매수 프리미엄에 투자하는 방법이 있다. 매수 희망자인 A회사가 매수 대상 기업인 B회사 주식을 공개 매수해 M&A를 시도한다고 하자. 현재 주당 시장가가 8만 원이고, 공개 매수 가격이 10만 원이라면 주가는 10만 원으로 수렴하게 된다. 하지만 10만 원에 도달하지는 못한다. 합병 성사 여부에 대한 위험이 여전히 존재하기 때문이다. 성사가 되지 않는다면 되파는 것에 중대한 문제가 생긴다. 이때, 만약 9만 5000원까지만 주가가 올랐고, M&A에 대한 정확한 분석을 한 헤지펀드가 있다면 시장에서 B회사 주식을 매수해 A회사에 10만 원에 되팔면 그만큼의 차익이 남는다. 주당 5000원이 합병으로 인한 거래 스프레드(차익)가 된다. 단 M&A가 성공하지 않으면 큰 손실을 입을 수 있다.

M&A 같은 큰 이벤트뿐 아니라 유상증자 발표 같은 작은 이벤트를 이용하기도 한다. 예를 들어, 주식의 유상증자 계획이 발표될 경우, 이벤트드리븐 헤지펀드는 해당 주식을 공매도(숏셀링)한다. 유상증자를 발표하면 기업으로서는 운용자금이 늘어나지만, 주가는 단기적 물량 과다로 인한 매물 압박을 받게 되어 주가가 일시적으로 하락할 수 있다. 주가가 하락하면 헤지펀드는 주식을 다시 매수해서 빌린 주식을 갚는다. 비교적 단기간에 일어나는 이벤트이다. 2011년 일본 주식시장에서는 유상증자를 발표하려는 기업의 주가가 발표 2주 전부터 15퍼센트씩 미리 하락하는 사례가 여럿 나와 문제가 되기도 했다. 기업 내부에서 유상증자 정보가 미리 새서 숏셀링이 일어난 것이다.

이벤트드리븐을 구사하는 헤지펀드 매니저는 증권사(프라임브로커)에게 관련 정보를 계속 사들이고 투자 기회를 찾아야 하기 때문에 정보 분석 능력이 탁월하다. 이벤트는 언제든 생기지만 시장의 흐름에 따라 투자 기회가 될 수도 있고 안 될 수도 있기 때문이다. 투자 기회가 성립이 되고 안 되고는 오직 시장의 빈틈을 얼마나 잘 찾느냐에 달려 있다. 간혹 외국자금이 '치고 빠지는 투기적인 행태를 보인다'는 신문기사가 나왔을 때 관련사가 이벤트드리븐 헤지펀드라면 그럴 수밖에 없다. 그들은 이벤트가 있을 때만 활동하고 이벤트 효과가 사라지면 투자를 회수하고 관망하기 때문이다.

개인투자자도 주식시장의 이벤트에서 일어나는 이런 괴리를 찾아 투자가 가능하다. 배당성향이 높고 꾸준한 주식이나 우선주를, 배당 권리 직전에 투자하여 배당을 받는 배당주 투자가 일례이다. 그렇게 하기 위해서는 수년간의 배당투자 유망주식의 권리 전후의 주가 움직임을 파악하여 현상과 위험을 알아야 한다.

시가총액이 적은 종목이지만 주가 상승으로 시가총액이 커질 수 있는 종목을 대상으로 이벤트성 투자를 하는 것도 한 방법이다. 기관투자자나 외국인투자자는 시가총액이 작은 종목을 살 수 없지만 일정한 기준을 넘어서는 주식은 펀드를 통해 보유하므로, 그 점에 착안하여 주가가 상승하는 종목에 대한 단기적인 매매기회를 포착하는 것도 가능할 것이다. 이 전략을 쓰기 위해서는 일반적으로 기관투자자나 외국인투자자의 매매 기준을 알아보는 것이 필요하다. 기관투자자의 주 투자 대상이 대형주 내지는 중대형주이므로 대형주가 될 수 있는 중형주 혹은 중형주가 될 수 있는 소형주가 대상이 된다.

국제 주요 주가지수에 신규로 포함되는 종목에 대해 매매를 집중하는 것도 아이디어가 될 수 있다. 주요 외국인투자자는 국제 주가지수를 추종하는 펀드가 많기 때문에 새롭게 국제 주가지수에 편입된 주식은 필수로 새로 보유한다.

그 외에 개인투자자가 이벤트드리븐의 개념에서 현실적으로 각색해서 써볼 수 있는 전략은 어닝서프라이즈(earning surprise: 회사의 실적이 예상치보다 깜짝 놀랄 만큼 많이 나오는 경우) 전략이다. 즉, 시장에서 발표된 추정 실적치(보통 애널리스트의 컨센서스)보다 더 많이 나오느냐에 따라 매매의 기회가 된다. 예상보다 훨씬 좋게 나올 때 일시적으로 반응하는 주가 변동을 노리는 것이다. 이 전략을 효과적으로 쓰기 위해서는 발표 즈음해서 긴밀하게 실적 정보를 얻어 내는 것이 관건이다. 투자자에게 먼저 실적을 알려 주는 기업은 없지만 여러 가지 연구를 해 보면 어느 정도 정밀한 실적 추정이 가능하다. 대부분 어닝서프라이즈가 발표되고 며칠 내로 실적이 주가에 반영되면 매도하고 빠져나오지만 장기적으로 실적이 상승할 것으로 판단되면 투자 기간을 늘려 잡을 수도 있다.

이 방법을 본인도 모르게 적절히 이용하는 투자자가 많다. 이러한 전략이 유효한 이유는 애널리스트가 예측하는 것보다 기업이 실적을 올림으로써 기업 환경이 유리하게 변하는 부분이 긍정적으로 시장에 반영되기 때문이다. 향후 이익에 대한 전망이 좋기 때문에 주가 상승이 이루어지는 것이다.

어느 정도 서프라이즈가 일어나야 주가의 레벨업 영향권에 들까? 모 증권사의 통계에 의하면 2004년부터 예상치보다 10퍼센트 이상의 서프라이즈가 발생한 주식을 그해 5월부터 9월까지 보유했을 때 연평균 9.3퍼센트포인트 정도로 코스피를 이기는 성과를 냈다고 한다. 어닝서프라이즈 전략은 관심을 갖고 찾는다면 큰 기회임에 틀림없다.

글로벌매크로 전략

우리가 일반적으로 말하는 핫머니^{hot money}가 글로벌매크로 전략을 쓰는 헤지펀드이다. 이들의 움직임을 이해하려면 전 세계를 놓고 투자하는 관점을 가져야 한다.

글로벌매크로 전략은 거시경제의 중장기 전망을 근거로 거시 변수의 추세적 변동을 예측해 전 세계의 주식, 채권, 통화, 상품 등 다양한 투자 대상에 롱 또는 숏 포지션을 취하는 것이다. 1990년대 초반만 해도 많은 헤지펀드가 이 전략을 구사하였는데 대표적인 펀드가 1997년 외환위기 당시 한국 원화를 공격했던 타이거펀드나 조지 소로스George Soros의 퀀텀펀드Quantum Fund 등이다.

글로벌매크로 헤지펀드는 국제 경제의 자본 이동에 주목하여 거시경제와 투자 대상 간의 가격 괴리가 확대될 때를 투자 기회로 삼는다. 한 나라의 통화나 금리, 주식, 특정 상품(금, 원유 등)을 매매 대상으로 하여 시장에 미치는 임팩트가 크다. 특히 투자를 잘하는 리딩 펀드를 여타 펀드들이 추종하기 때문에 실제 움직임보다 시장에 더 큰 파장을 불러오는 경향이 있다. 이 전략을 구사하기 위해서는 운용자금이 커야 한다. 그래야 레버리지(돈을 빌려 투자하는 것)와 같은 투기적인 전략이나 공매도 등의 다양한 움직임을 할 수 있다.

1992년 조지 소로스는 영국 파운드화 공격을 감행했다. 당시 막 통일된 독일은 동독 경제로 인한 인플레이션을 막기 위해 금리를 지속적으로 올리고 있었다. 이를 기회로 많은 투자자들이 금리가 높은 독일 채권에 몰렸고, 독일 채권을 사기 위해서는 독일 마르크화를 먼저 사야 했으므로 마르크의 화폐 가치가 올라갔다. 이에 상대적으로 영국 파운드화는 하락해야 했다. 하지만 영국이 당시 유럽 주요 국가들끼리 환율을 고정시키는 유럽통화제도EMS를 채택하고 있었으므로 파운드화의 화폐가치는 하락하지 않은 채 공중에 떠 있는 상황이 되었다.

퀀텀펀드 등의 헤지펀드는 이 기회를 놓치지 않고 파운드화에 대한 공매도를 시도했다. 이때 헤지펀드의 시장교란을 당시 많은 사람이 안 좋게 보았지만 이는 정부가 인위적으로 환율을 고정했기 때문에 떨어져야 할 파운드화 가치가 떨어지지 않은 것이고, 헤지펀드는 여기서 투자 기회를 보았던 것이다.

2000년 IT 주식 붕괴 이후 전 세계경제에 특별한 이슈가 없자 경제 전망을 기초로 한 글로벌매크로 전략은 퇴조하는 양상을 보였다. 하지만 최근 유럽 각국에 재정위기에 따른 기회를 엿보고 있다. 또 다른 예상 타깃을 일본으로 보는 시각도 있다. 2011년 일본은 엔화 강세로 31년 만에 무역적자를 기록했다. 엔고가 지속되고 일본 기업의 경쟁력이 떨어지면, 안전자산으로 분류되었던 일본 국채가 폭락할 가능성이 커진다. 아닌 게 아니라 현재 일본 대형은행들이

이 사태에 대비하고 있다.

우리나라는 역으로 수출 주도 정책을 써 온 탓인지 원화가 한국경제의 펀더멘털에 비해 약한 상태를 유지하고 있다. 따라서 정권이 바뀌고 정책기조에 변화가 있다면 원화가 한 단계 움직일 여지가 있다고 본다. 최근 외국인 예금 잔액이 사상 최대로 늘어난 것도 원화 강세를 예측하는 것과 무관하지 않을 것이다. 만약 원화 강세가 나타나는 움직임이 있다면 원화 역시 타깃이 될 수 있다. 그렇게 되면 증시가 단기간 유동성이 커질 수 있다.

글로벌매크로 펀드는 투자 대상이 다양하여 방법이 복잡해 보이지만, 좋은 기업의 주가가 싸다고 생각되면 롱을 걸고 하락세인 기업의 주가가 비싼 상태라고 여겨지면 과감하게 숏을 거는 것과 같다. 다만 시장의 움직임보다 조금 빨리, 적극적으로 움직여 투자한다는 차이가 있을 뿐이다. 대부분 투자할 통화나 자산을 미리 골라 두고 지속적으로 관찰하여 투자 기회를 엿본다. 통화라면 G15라든가 G10이라든가 하는 식이다. 글로벌매크로 전략을 쓰는 헤지펀드 매니저는 경제 전망에 따라 투자 결정을 내리므로 주로 이코노미스트 출신이나 오랜 기간 여러 투자시장과 경제 변동을 경험한 대가가 많다.

개인투자자의 경우 주식투자를 할 때 종목군을 미리 구성하여 그 안에서 투자하는 기관투자자의 방식을 따라 해볼 만하다. 갑자기 찾은 종목에 투자하는 것이 아니라 계속 몇 가지 종목 안에서 기회를 보기 때문에 아무래도 기업의 최근 추이에 대해 전문적인 지식과 추세에 빠른 대응을 할 수 있다.

숏셀링 전략

많은 헤지펀드가 쓰는 전략으로 보통 투자자가 오를 주식만을 찾는 데 비해 역발상으로 떨어질 주식을 찾아 투자 기회를 노린다.

숏셀링 전략은 말 그대로 주가가 떨어질 것 같은 종목만 찾아 주식을 빌려 시장에 내다 팔고 나중에 주가가 떨어지면 싸게 사서 주식을 돌려줌으로써 차익을 취하는 형태이다. 시장에서 과대평가된 주식이나 채권 등의 투자 대상을 찾아 정교한 투자 기준을 만들어 그 기준에 부합될 때 비로소 주식이나 채권 등을 빌려 매도한다. 보통은 주식을 대형 투자은행이나 투자기관 등에서 빌려 시장에 파는데 요즘 선진국 증시에서는 빌리지 않고 마이너스 주식을 만드는 방법naked short selling을 이용하여 자유롭게 공매도한다.

주식시장의 하락세를 가속화시킨다는 규탄을 받기도 하는 전략이다. 최근 많은 헤지펀드가 재정위기를 겪는 이탈리아의 국채가격이 급락할 것으로 보고 대거 이탈리아 국채를 공매도하면서 위기를 키운다는 비판을 듣고 있다. 또 1992년 영국 파운드화 위기 때나 1997년 아시아 외환위기 때도 많은 헤지펀드가 해당국 통화를 공매도함으로써 엄청난 수익을 올렸다. 어려움을 겪는 경제주체에게 매우 가혹하지만 철저한 시장 논리로 움직이는 헤지펀드는 시장경제 체제의 한 단면이라고 할 수 있을 것이다.

롱숏 전략에서도 설명했지만 숏온리short only 전략은 전문성이 특히 필요하다. 어떤 나라의 주식시장이든 장기적으로는 우상향 한다. 따라서 롱으로 장기 투자를 하는 것에 비해 이벤트성으로 이루어지는 숏셀링 전략은 전혀 다른 투자 감각이 있어야 가능하다. 기회를 기다리고 결정적일 때 포착하는 기술이 완벽해야 하는 틈새시장의 고수라고 할 수 있다.

특히 숏매니저의 예상과 달리 주가가 상승하면 손실을 멈추기 위해 서둘러 사야 하므로 주가를 더 상승시키는 결과를 낳기도 한다. 예전에 숏셀링 전략을 쓰는 여러 곳의 헤지펀드가 독일 자동차회사인 폭스바겐 주식을 대거 숏셀링하여 주가가 떨어지기를 기다린 적이 있었다. 그러나 시장에 나온 뉴스는 아뿔싸! 또 다른 독일 자동차 회사인 포르쉐가 적대적 M&A를 노리고 폭스바겐 주식을 매집하고 있다는 것이 아닌가. 이에 놀란 헤지펀드들이 서둘러 주식을 되사는 바람에 폭스바겐 주가가 한때 얼토당토않게 폭등하기도 했다. 숏매니저로서는 그야말로 악몽이었을 것이다. 이런 투자 실패가 일어나는 곳이 바로 투자 세계이다.

CTA 전략

CTA 전략은 주로 금, 원유 등의 원자재 가격의 추세 방향에 맞추어 투자하는 전략이다. 컴퓨터 프로그램을 짜 놓고 원자재 가격이 변동할 요인을 포착하면 매매하는 수법을 이용한다.

CTAcommodity trading advisory 전략은 추세가 지속되는 한 끝까지 투자를 유지하고 추세가 꺾이면 고점 대비 손실제한선stop loss 규정을 두어 자동적으로 투자를 회수하는 것이다. 이는 군중이 몰릴 때 형성된 상향 혹은 하향 추세를 따라 매매하는 방법으로 투자가 이루어진 후에도 중간 중간 추세에 영향을 미치는 요인을 보완하며 매매를 조정한다. 예상한 수치, 결과치 등 추세를 알아보는 데이터는 점차 다양해지고 있다.

CTA 전략은 컴퓨터를 이용한 프로그램 매매이기도 하지만 본질은 군중심리를 이용해 추세에 편승하는 기법이다. 한 번 형성된 군중심리는 한동안 지속된다는 점을 이용한 것이다. 따라서 투자자의 군중심리가 순식간에 깨지는 이벤트 즉, 9·11테러나 일본대지진 같은 돌발재료 상황에 속수무책인 경우가 많으며 이런 대형 이벤트에 어떻게 대응하는가도 매우 중요하다. 같은 악재라도 2008년 글로벌 금융위기 같은 중기적인 하락세는 오히려 기회가 되기도 한다. 그래선지 글로벌 금융위기 때 대부분의 CTA 펀드는 두 자릿수의 수익을 낼 수 있었다.

CTA 전략이 효과적일 수 있는 이유는 개인투자자의 매매전략과 비슷하면서도 완전히 상반되기 때문이다. 개인투자자나 CTA 펀드나 추세의 방향을 따라 하는 것은 비슷하나 개인투자자가 약간의 수익에 팔고 나오는 반면 CTA 펀드는 시세의 끝까지 수익을 보고 추세가 꺾였다는 신호가 오면 그때 비로소 팔고 나오는 점이 다르다. 즉, 개인투자자가 조금 벌고 크게 손해를 보는 데 반해 CTA 펀드는 크게 벌고 적게 손해 본다. 개인투자자가 저지르기 쉬운 투자심리의 함정을 역이용한 것이다.

일반적으로 CTA 전략에서 상승세에서 하락세로, 하락세에서 상승세로의 추세 전환이 일어날 때 어떻게 대처하는가가 관건이라고 생각할 것이다. 하지만 추세가 짧게 형성되었다가 이내 바뀌는 장세에서 CTA 전략은 수익에 큰 어려움을 겪는다. 영점을 다시 조정해야 하기 때문이다.

상승세에서 버는 수익이 추세 전환이나 돌발 대형 재료에서 보는 손해를 얼마나 만회하는가가 이 전략의 핵심 포인트라고 할 수 있다. CTA 전략을 쓰는 펀드 매니저는 시스템 매매 모델을 만들고 이를 개선해 나가야 하기 때문에 일반 경제학을 전공한 사람보다는 수학이나 통계학 전공자가 많다. 최근 CTA 전략에서의 매매 시스템이 진화를 거듭하여 수익이 커지자 과거보다 더 많이 쓰이고 있다.

현재 국내로서는 롱숏펀드 위주로 많이 판매되고 있는 것으로 알고 있으나 앞으로 롱숏 외의 다른 전략을 쓰는 헤지펀드가 나올 가능성도 있다고 하는데 어떤 형태가 나올지 궁금하다. 헤지펀드의 등장이 투자자에게 더 많은 선택의 기회를 준다는 의미에서 환영할 만한 일이다.

슈퍼개미의 투자방식 따라잡기

증권사에 오랜 기간 몸담으며 개인투자자가 미흡한 지식으로 성급히 투자하여 손실을 보는 모습을 많이 보았다. 하지만 반면 장기적으로 자신만의 일정한 전략을 쓰면서 부를 축적한 투자자도 여럿 보았다.

이번 장에서는 여러분이 참고할 만한 투자방식을 사용하는 투자자의 사례를 간단히 소개하고자 한다. 우리와 같이 평범한 개인투자자들의 이야기이기에 더욱 공감을 느낄 수 있을 것이다. 그러나 이들 역시 자신만의 투자방식을 정하고, 지켜 나가는 데에 많은 노력을 기울이고 있음을 기억할 필요가 있다.

기업에 투자하는 투자자

기업에 투자하는 투자자는 회계계통의 일을 오랜 기간 하던 투자자이다. 이제는 은퇴했지만 그는 여전히 기업의 회계장부를 샅샅이 훑어보면서 투자를 검토한다. 기본 자료 분석에 의해 투자를 하는 전형적인 방법으로, 그의 투자 기준은 기업의 자산가치와 실적이다. 주식시장이 아무리 변해도 자산가치가 저평가되어 있고, 실적이 향상되고 있다면 주가는 결국 오를 수밖에 없다는 게 그의 지론이다.

주식시장에 넘치는 기업 관련 재료나 정보는 그에게 별 의미가 없다. 관심은 두지만 그것으로 투자하지 않는다. 다만 재료가 기업의 회계장부에 숫자로 나타나야 움직인다. 따라서 재료에 의해 움직이는 테마주, 루머 관련 주가 대세일 때는 큰 수익을 보지 못하지만 단기간의 투자 붐으로 인한 후유증도 없다.

지금까지의 수익으로 자신의 전략에 대한 강한 믿음을 갖고 있기 때문에 아주 담백한 과정을 고집한다. 이러한 믿음은 자신이 컨트롤할 수 없는 주식시장의 갑작스런 폭락을 수차례 몸으로 겪으며 얻게 된 것이다. 그와 투자에 관한 대화를 해 보면 주식시장에 관한 화제보다 기업에 관한 이야기가 주를 이룬다. 마치 대형 펀드를 관리하는 펀드 매니저 같다. 개인투자자로서 그와 같은 회계지식이나 우직함을 갖기에는 많은 인내와 노력이 필요하다.

단타투자자

단타투자자는 증권사 출신으로 단타매매에 능한 투자자이다. 주로 주식을 매매했으나 퇴사한 이후로 아무래도 개별기업의 정보를 받거나 정보를 분석하는 것이 현역 때에 비해 약하다고 생각해서인지 선물시장에 투자한다.

자신만의 투자 기준을 두고 기회가 생겼을 때만 매매를 하며 기본적으로 매매는 그날 정리해서 간밤에 일어난 해외증시의 변동에 따른 리스크를 떠안지 않게 한다. 또한 손실제한선을 두어 해당되는 종목은 가차 없이 정리한다. 손실제한선을 지키면 손해를 줄일 수 있다는 것은 상식이지만 베테랑조차도 그 순간이 오면 지키지 못하고 연연해하다가 큰 손실을 입곤 한다.

그의 방식 중 매매가 잘되더라도 절대로 투자 규모를 키우지 않는 점은 배워볼 만하다. 이런 면이 그를 살아남게 하지 않았나 생각한다. 단기매매 위주의 투자방식은 오랜 기간 시뮬레이션해 보아야 하고 수시로 조정해야 한다. 장담컨대 필자는 단타투자자가 가장 많은 노하우가 필요하고 다른 투자방식에 비해 제일 어렵다고 본다. 결정을 하기에 시간이 많지 않아 이미 정한 매매 룰대로 빨리 해야 하지만 중간에 잘못되는 느낌을 받을 때 가장 많은 혼란을 겪을 수 있기 때문이다.

이벤트 투자자

이벤트 투자자는 주식투자를 거의 하지 않는다. 거의 하지 않는데 투자방식의 사례로 나온 것은 이유가 있다. 그는 1년에 한 번 정도 아주 큰 규모로 매매를 한다. 개인이지만 헤지펀드적인 성향이 강한 투자자이다. 투자를 하지 않는 기간에는 현금이나 이외의 자산으로 돌려 놓는다. 절대로 주식시장에 묶어 놓지 않는다. 아무리 주식이 좋고 시장이 탄탄하다 하더라도 주가는 언제든지 25퍼센트 정도는 순식간에 무너질 수 있다고 생각하기 때문이다. 따라서 그는 자신의 자산을 위험에 노출시킬 필요는 없다고 생각한다. 자신이 관리할 수 없는 위험을 최소화하는 것이다.

그가 목표로 하는 연 수익률은 10~20퍼센트 선으로 매우 낮다. 한 번 매매로 10퍼센트 선의 수익만을 추구한다. 나머지 기간 동안 채권이나 금리상품에 넣으면 10퍼센트 초중반까지 수익을 낼 수 있고 그 정도면 대만족이라는 것이다. 워렌 버핏의 장기 수익률도 연 10퍼센트 후반 정도인 것을 감안하면 충분히 수긍할 수 있는 전략이다.

투자를 하지 않는다고 주식시장을 멀리 하지 않는다. 끊임없이 시황에 맞는 새로운 투자 기회를 찾는다. 이를 아는 많은 영업사원들이 참신한 투자 아이디어를 갖고 그를 찾는다고 한다.

전도사형 투자자

전도사형 투자자는 주식시장에 대한 공부를 많이 한다. 주식시장의 역사에 대해서 말을 시작하면 두세 시간도 너끈히 떠들곤 한다. 그의 장기는 종목 발굴이다. 1년에 두어 종목만 심층적으로 연구하고 발굴해서 투자를 한다. 그는 자신만의 관점으로 주식시장의 키워드를 찾고 그것으로부터 장기적으로 살아남을 주식, 없어질 주식에 대한 의견을 갖고 있다. 워낙 자신의 주장이 강하지만 그러면서도 다른 의견을 자신의 생각에 어떻게 대입할지를 고민하는 유연한 자세도 가지고 있다.

그는 주식 매입은 천천히 하지만 주위의 전문 투자자들에게 꾸준히 왜 이 주식을 투자해야 하는지 투자 논리를 설파한다. 가끔 다소 엉뚱한 논리를 펴 상대를 당황스럽게도 하지만 지금까지 투자가 크게 빗나간 적이 없다는 것이 주변 사람들의 말이다. 그래서 전도사형 투자자에게 종목 추천 이야기를 들으면 주위의 많은 투자자는 소량이라도 일단 투자해 놓는다고 한다. 오랜 기간 증명되었기 때문이다.

그는 일종의 컨센서스를 모아 움직이지 않던 주가를 자신의 논리대로 재평가를 하는 적극적인 투자자이다. 주식시장에 많은 인맥이 있고 본인의 고집스런 분석 기법이 있기 때문에 가능하리라.

실적 투자자

실적 투자자는 현실적으로 많이 볼 수 있는 유형의 투자자이다. 연구한 만큼, 조사한 만큼 투자 기회는 온다고 믿는 실적 투자자가 우선시하는 것은 상장기업의 실적 호전이다.

실적 호전주를 중점으로 찾지만 그 전에 보는 것은 단기적(3?6개월) 시장흐름의 중심이 어느 업종에 있는 가이다. 시장의 관심이 아닌 업종의 기업은 배제한다. 그리고 해당 업종에 있는 기업 중에서 기업의 뉴스나 실적 예상치에 관한 정보를 중점으로 실적 호전이 예상되는 종목을 찾는다. 그중 실적 호전 대비 제일 저평가되었다고 생각하는 기업에 투자하고 주가가 실적을 충분히 반영한다 싶으면 매도한다. 대략 3~6개월의 투자 기간을 갖는다. 단말기 앞에 하루 종일 앉아서 장기투자를 운운하는 것은 현실적이지 않다고 믿는다. 실적에 관한 한 어느 정도 이벤트드리븐인 셈이다.

그의 투자 기준 중에 우리가 눈여겨볼 만한 것은 영업 외의 활동에 의해 나온 실적은 배제해야 한다는 것이다. 영업이익 상승 이외의 단발성 이익은 의미가 없다고 이야기한다.

또 경기 변동형 산업 내의 기업, 예를 들어 증권사의 경우는 다년간 실적이 호전되어 주가수익비율PER이 최저일 때가 오히려 주가로서는 고점일 수 있다는 게 그의 지론이다. 경기 변동형 기업은 보통 몇 년의 기간을 두고 대폭 흑자와 약간의 적자를 오가는 경우가 많다. 그렇기 때문에 대폭 흑자일 때는 저PER가 되지만 주가로서는 고점인 경우가 많고 실적이 안 좋거나 심지어 적자일 때 PER가 매우 높거나 마이너스로 산정할 수 없을 정도로 주가가 고평가된 것으로 보이지만 이 투자자는 그때가 주가의 바닥이라고 본다. 경기 변동형 산업에서는 PER 이외의 다른 정석적인 평가가 있어야 한다는 것이다.

기술적 실적 투자자

기술적 실적 투자자는 전형적인 단기투자자이지만 기업의 실적을 중시한 기술적 매매를 한다. 그는 투자를 한 지 20여 년이 되었는데 오랜 투자 경력만큼 자신만의 투자관이 뚜렷하다. 1990년 깡통계좌부터 IMF, 글로벌 금융위기를 다 겪어낸 만큼 말로 표현할 수 없는 감도 있다. 하루 종일 단말기를 보는 투자자로서 장기투자는 힘들다는 점을 감안하고 개발한 자신만의 투자방식이다.

그는 우선 자신이 매매할 종목을 리스트업한다. 주로 중형주에서 찾는데 1만 원에서 2~3만원짜리 중가의 주식을 대상으로 한다. 펀더멘털이 너무 우량해서 움직임이 둔한 고가종목은 제외한다. 실적이 나아진 기업은 이미 주가에 반영되었다고 보고 앞으로 실적이 나아질 것으로 예측하는 주식을 본다.

그리고 주가의 움직임보다는 거래량이 느는 것을 관찰하며 매매 타이밍을 찾는다. 거래량이 늘면 주가 변동이 예상되기 때문이다. 주가의 상승세가 살아 있다면 단기적으로 주가가 하락하더라도 금방 만회한다고 본다.

하지만 시장 대비 주식이 이유 없이 약하다면 가차 없이 손절매를 한다. 주식시장이 전반적으로 무너질 때는 10~20퍼센트 내에서 전체 손절매를 하기도 한다. 아마 IMF와 글로벌 금융위기 폭락장에서 그를 살려준 투자 기준이 아닌가 한다. 그가 주식을 손절매할 때는 새로운 기회를 위해 판다고 생각하며 위안을 삼는다.

이 투자자의 전략은 너무 단순해 보이지만 듣는 것만큼 절대 쉽지 않은 전략이다. 주가가 떨어지면 곧 반등하리라는 기대가 생기고 손실을 확정하고 싶지 않은 감정이 생기기 때문이다.

장기 간접투자자

주식형 펀드에만 투자하는 장기 간접투자자는 경제와 경영에 대한 지식이 많은 대학교수이다. 평소 그의 지론은 '모든 기업은 결국 망해간다'이고 또 다른 지론은 한 나라의 '주식시장은 그 나라가 망해 없어지지 않는 한 결국 우상향해서 상승한다'이다.

이런 철학을 바탕으로 자신은 개개의 주식을 판별할 만큼 시간도 없고 전문가들에 비해 경쟁력도 없으니 펀드 매니저에게 맡기고, 주식시장은 우상향하니 장기 펀드투자가 가장 현명한 방법이라고 판단한 것이다. 그래서 과거의 펀드 수익률이나 펀드 매니저에 관한 사항을 구체적으로 담당직원에게 요구한다. 대부분의 거액 투자자가 주식에서 펀드로 자산을 옮기는 경향이 있다는 점에서 그의 지론은 곱씹어볼 만하다.

심리 투자자

심리 투자자는 주식시장은 투자자의 결정에 의해 움직이며 그

결정은 각자의 심리에 의해 일어난다고 믿는다. 그는 과거에 몇 번 일반투자자와 정반대의 결정을 내려 큰돈을 번 경험이 있다. 매번 거꾸로 하는 것은 아니지만 결정적인 순간에는 군중의 움직임을 보고 그와 반대로 하는 것을 서슴지 않는 프로투자자이다.

투자심리가 매우 좋을 때도 있고 매우 안 좋을 때도 있기 마련이다. 일반적인 투자자라면 투자심리가 좋고 견고할 때 투자하길 원하지만 심리 투자자는 모든 상황에 투자 기회가 있다고 생각한다.

투자심리가 견고할 때는 보통 투자자처럼 좋아 보이는 주식을 평범하게 사고 팔지만 일단 투자심리가 삐꺽거리기 시작하면 몽땅 처분하고 상황을 본다. 큰 기회가 올 것으로 믿기 때문이다. 투자심리가 안 좋으면 대부분의 투자자들은 주식에 다시 투자할 엄두를 내지 못하나 그는 이때를 투자 기회로 삼는다. 대형 악재가 터지는 것은 그에게는 어떻게 보면 이벤트성 기회가 되기도 한다. 북한 관련 돌발 악재나 외국의 대형 지진, 지속적인 경고에도 불구하고 큰 위기로 확대된 미국의 서브프라임모기지 사태 같은 악재가 생겼을 경우 그는 상황별 액션플랜을 짠다.

그는 항상 다른 투자자의 생각을 많이 듣는다. 이것을 알기 위해 신문을 읽을 때도 기사 내용의 질적인 변화를 포착하는 데 중점을 둔다. 개별 기업에 관한 기사가 많이 뜨면 심리가 좋다는 뜻, 개별 기업에 관한 뉴스가 많지 않다면 심리가 안 좋아지고 있다는 뜻으로 해석한다.

주식시장이 이미 어느 정도 하락하였다고 해도 투자자들의 심리가 완전히 꺾였는가를 확인하는 것도 고려 대상이다. 대부분의 상황에서 투자자가 실체를 확인하기 전에 악재의 충격으로 무조건 팔고 떠나는 심리도 그에게는 좋은 기회가 되기 때문이다. 심리 투자자는 평소에 여유 현금을 많이 가지고 있다. 기회가 생기면 즉각 대응하기 위해서이다.

장세 투자자

장세 투자자는 주식시장이 강세장일 때만 투자를 한다. 그가 강세장인지 판단할 때는 장기 이동평균선이 상승세인가, 재료가 시장에 얼마나 영향을 미치는가, 주도주나 주도업종이 확실히 있는가를 기준으로 삼는다. 장기 이동평균선이 살아 있다면 주식시세는 긍정적일 수 있다고 보고 매매를 지속한다. 이동평균선이 꺾이기 시작하면 이익을 봤건 손해를 봤건, 아직 저평가된 종목이 있든 말든 투자를 접는다. 그의 지론은 약세장에서 투자를 하는 것은 가능성이 매우 낮으므로 투자해서 본전을 찾기도 어렵다는 것이다. 장세 투자자는 이렇게 말한다.

"강세장과 약세장을 구별하지 못한다면 주식투자를 해서는 안 됩니다. 그것은 마치 포커에서 자신의 패가 좋은 패인지 나쁜 패인지 구별하지 못하는 것과 같습니다."

장세 투자자는 한 장세에서 주도주나 주도업종은 거의 변치 않는다고 생각한다. 만약 이번 강세장이 끝나면 장세의 주도주나 주도업종도 시세가 꺾이므로 빠져나와야 할 뿐 아니라 그 외의 주변 주식이나 업종도 기웃거려서는 안 된다는 것이다. 이 모든 것이 그의 경험에서 나온 전략이다.

그의 전략이 미래에도 계속 적용될지는 미지수이나 한 가지 분명한 것은 그는 예전부터 여러 가설을 세워 보고 그것을 검증했으며 그중 비교적 확률이 높은 방법을 택했다는 것이다. 장세 투자자에게서 배울 것은 그의 전략보다 투자방식을 택하는 프로세스일 것이다.

데이트레이더의 매매기법 _____ ★

데이트레이딩은 그날그날 기계적으로 기술적 지표에 따라 매매하는 일당벌이식의 매매기법이다. 밤새 외국시장의 변동에 무관하게 하기 위해 장중에 매매를 정리한다. 데이트레이딩은 장기적인 투자방식이라기보다 시황과 흐름에 따라 달라질 수 있는 매매기법이기 때문에 투자 성공에 변수가 너무 많고 하루 종일 단말기를 접할 수 있는 투자자만이 할 수 있는 방법이다.

상승종목 따라잡기는 데이트레이더의 전략 중 하나이다. 기술적으로 통계를 분석하여 어떤 주식이 전고점을 돌파할 때 돌파 시점에 따라 붙는 투자방법이다. 전고점을 돌파한 가격은 한동안 상승한다는 과거의 통계에 근거한 전략이다.

이 매매기법은 전략이 노출되기 쉽고 이용당하기도 쉽다. 또한 객관적으로 수치화하기 어렵고 기준이 모호한 점이 많다. 상승종목 따라잡기의 고수는 매수와 매도 세력 간의 힘의 크기를 객관적, 본능적으로 감지하고 매매를 해야 한다고 한다. 시장 상황에 맞춰 느낌으로 어떤 때는 따라붙고 어떤 때는 수수료와 거래세를 손해 보고서도 산 가격에 되파는 결정을 하기도 한다.

헤지펀드의 CTA 전략에서도 나왔지만 대부분의 기술적 매매기법은 그때그때 시장의 여건이 고려되어야 한다. 때문에 고수의 감을 그대로 따라 하기 힘들 뿐 아니라 한다고 해도 타이밍을 맞추지 못해 손해를 보는 투자자가 많다. 개인투자자는 아무래도 전문성이 낮으므로 반드시 기본적인 분석 요소를 넣어서 투자방식을 짜는 것이 좋다.

누구나 매매 기준을 정하고 매매하는 것은 쉽지만 그것과 주가 상승의 인과관계를 제대로 찾는 것은 쉬운 일이 아니다. 인과관계가 없다고 생각되면 매매 기준에 해당되더라도 투자를 하면 안 된다. 또 한때는 먹었는데 다른 때는 잘 안 듣는 기법도 의미가 없다. 오랜 기간 시뮬레이션하면서 검증해야 한다는 뜻이다.

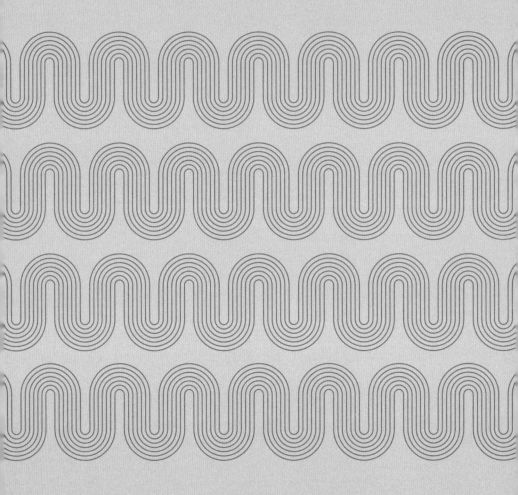

4장

투자의 목적은
중요하다

왜 주식투자를 하는가

주식투자를 하는 이유는 간단히 말해 돈을 벌기 위해서이다. 어떤 사람들은 나라경제를 위해서 혹은, 기업이 잘돼야 개인도 잘되기 때문에 등의 이유로 투자를 해야 한다고 말하지만 현실적으로 돈이 안 되는데 투자하는 사람은 없다.

주식투자로 돈을 벌고 싶다면 어디에 쓰기 위한 돈인가를 미리 정하는 것이 가장 중요하다. 투자는 로또에 당첨되면 뭘 할지 생각하는 것과 근본적으로 다르다. 목적과 목표를 미리 정하지 않으면 무작정 돈만 벌려는 허황된 욕심이 생기고 불필요한 위험에 노출되기 쉽다. 내가 갖고 싶은 것이 아닌 내게 필요한 것을 목적으로 삼고, 보다 구체적이고 제한적인 액수의 목표를 정하는 것이 초보투자자에게는 가장 좋다.

　주식투자에 관한 노하우를 얻고 싶은데 투자 동기부터 찾으라고 하면 맥이 빠질 것이다. 하지만 목적 없이 투자를 시작한 사람은 투자에 대한 집중도가 낮고, 조금만 손해를 봐도 이내 좌절하는 경우가 많다.

　얼마 전 우연히 다이어트에 성공한 연예인의 이야기를 라디오에서 들었다. 그는 다이어트 성공 비결에 대한 질문을 받으면, 식사 조절은 어떻게 하고 어떤 운동을 하는지 이야기하는 대신, 왜 살을 빼려고 하는지를 되묻는다고 한다. '그냥' '날씬해 보이려고' '옷이 안 맞아서' 등이 주로 듣는 말인데, 그 정도의 동기로는 성공하기 쉽지 않으니 더 절실한 동기를 찾아보라고 한다는 것이다. 강력한 동기가 다이어트에 성공할 수 있는 최고의 비결이라는 것이다.

　다이어트를 하려는 사람 중에 살을 빼야 할 이유가 없는 사람은 없지만, 대부분 힘든 다이어트를 이겨 내기에는 너무 약하다. 동기는 있지만 절실함이 없다. 절실하지 않기 때문에 실천도 안 된다. 따라서 매번 실패할 수밖에 없다. 연예인은 살이 찌면 역할의 몰입도가 떨어지거나 배역에 한계가 있기 때문에 다이어트를 하지 않으면 경력 관리에 문제가 생긴다. 강력한 동기이다. 건강 때문에 몸무게를 줄여야 한다면, 나이가 들어 좋은 배우자를 만나 잘 보이고 싶다면, 이 역시 강력한 동기이므로 다이어트에 성공할 가능성이 크다.

인생의 모든 일에는 왜 그 일을 해야 하는지에 대한 뚜렷한 내적 동기가 뒷받침되어야 성공할 수 있다. 투자도 마찬가지이다. 투자로 번 돈으로 무엇을 할 것인지를 먼저 생각해야 한다. 목적은 절실하고 의미가 있어야 한다. 만약 투자를 하는 이유가 단순한 용돈벌이라면 다시 생각해 보자. 투자를 하는 이유가 대박을 내기 위해서라도 다시 생각해 보자. 이런 동기로는 주식시장에서 결코 오래 버틸 수 없다. 여러분이 혹시 투자에 매번 실패한다면 이런 이유가 아닌지 생각해 보자.

돈이 투자를
조종하도록 만들지 마라

투자 목적의 중요성에 대해 이야기하면 사람들이 흔히 하는 답변은 다음과 같다.

"글쎄, 그런 목적을 가져 보는 것도 좋겠지, 암. 그런데 그게 무슨 의미가 있나. 목적을 정하면 그게 성취되는감?"

"난 누구보다 치열하게 열심히 투자하고 있어. 그러면 됐지."

"만약 목적을 정했다가 성취하지 못하면 창피하잖아요. 그렇게 신경 쓰며 살고 싶지 않아요."

"매일매일 투자하는 것도 힘든데…… 시장이 어찌 될지도 모르는데 목적까지 정해서 하려면……. 피곤하게 살고 싶지 않아요.

내 나름대로 하다 보면 결과가 나오겠죠."

목적을 정하면 그 목적을 이루는 데 필요한 방법과 구체적인 목표를 정할 수 있다. 내가 투자해야 할 돈과 어떤 노력이 필요한지 정확히 알고 시작할 수 있다. 우선 가족이 생활하는 데 필요한 비용을 정해 본다. 나와 내 가족이 인생을 즐기는 데 필요한 자금도 생각한다. 여행, 비영리재단 참여, 사회활동, 예술활동 등 내가 꼭 해 보고 싶었던 일에 필요한 직간접비용도 생각해 볼 수 있다.

하지만 많은 사람들이 이유도 없이 막연히 돈을 벌겠다고 한다. 처음부터 황당하게 큰 금액을 정하고 그만큼 벌겠다는 욕심을 부린다. 돈을 많이 벌어서 누구도 꿈꾸지 못할 멋진 인생을 살겠다는 허황되고 막연한 목표를 잡기도 한다. 앞서 이야기한 다이어트의 예와 같이 목표의식이 희박하면 성공 가능성이 낮다. 우리가 목표를 정하고자 한다면 조금 더 구체적이고 현실적인 것이 좋다. 그래야 투자를 할 때도 현실적인 목표를 갖고 매진할 수 있으며 허황된 투기의 유혹을 이길 수 있다.

다시 말하지만 분명한 것은 돈은 인생의 수단이지 목적이 되어서는 안 된다. 돈이 목적이 되면 돈 밖에 없는 인생이 된다.

과거에 유명했던 국내 펀드 매니저의 이야기이다. 부유한 가

정환경에서 살다가 고등학교 시절 아버지의 사업 실패로 집안이 폭삭 망했다. 어려서부터 공부를 잘해서 학교 공부만 해서도 좋은 대학에 들어갈 수 있었다. 하지만 그는 아직도 집안 사정만 좋았더라면 좋은 과외를 받고 서울대학교에 갈 수 있었는데 하고 아쉬워한다. 이러한 돈에 대한 어렸을 때의 기억 즉, 트라우마가 그를 계속 돈을 벌게 하고, 돈에 집착하게 한다. 동기는 정말 강력하다. 그는 부자가 될 것이다. 그의 두뇌가 돈을 더 벌어 오라고 계속 그를 몰아붙이고 있기 때문이다. 이런 트라우마가 있는 사람들은 돈을 잘 쓰지 못한다. 버는 족족 재투자를 할 뿐이다. 돈을 벌기만 하고 쓰지 않으니 돈이 안 모이는 것이 오히려 이상하다. 부자가 될 수밖에 없다. 다만 우리는 그런 인생을 가치 있게 보지 않는다.

오래 전 "여러분, 부자 되세요!"라는 TV 광고 대사가 유행했던 적이 있다. 새해 인사말로도 널리 쓰였다. 이는 부자에 대한 무조건적인 선망이 표출된 현상일 것이다. 하지만 부자가 되려고 하기 전에 스스로에게 질문해 보아야 한다. 왜 부자가 되고 싶은가, 부자가 되면 얻을 수 있는 가치는 무엇인가?

투자는 언제 도박이 되는가

돈을 왜 벌어야 하는지 모른 채 목적 없이 투자하면 어떻게 될까? 지인 중에 투자로 생활하는 사람이 있다. 증권사 출신으로 한때 주식 잘 본다고 소문이 나기도 했다. 초창기에는 주식에 주로 투자하다 나중에는 선물투자를 하더니 요즘은 선물, 옵션을 같이 투자한다고 한다. 이분과 교류하는 사람의 말을 빌면 어느 날 100억대 부자가 되었다가, 몇 년 후에는 깡통 차서 집에서 쉰다고 했다가, 또 몇 년 후에는 다시 수십억을 벌었다더라 하는 식의 무용담만 들려올 뿐이다. 아마 그는 계속 그런 생활을 반복하리라.

투자를 처음 시작할 때는 그도 도박하듯 투자에 빠지리라고는 생각하지 못했을 것이다. 하지만 이제 그는 투자를 왜 하는지, 무엇 때문에 하는지, 목적도 없고 철학도 없이 게임하듯 하루하루를 보낸다. 투자를 하는 사람 중에 이런 삶을 사는 사람들이 의외로 많다. 왜 살을 빼야 하는지도 모른 채 다이어트를 하면 다이어트가 잘 될 리가 없다. 오히려 거식증에 걸릴 수 있고 영양실조에 걸릴 수 있다. 왜 해야 하는지가 확실하면 얼마만큼 몸무게를 줄여야 할지가 정해진다. 목적 없이 다다익선만 추구한다면 주객이 전도될 수 있다. 이때가 바로 투자가 도박으로 변하는 때이다.

투자가 도박으로 변하면 앞의 사례와 같이 대박 혹은 쪽박 사이를 반복한다. 절대 대박에서 멈추지 않는다. 주가가 올라가면서 느끼는 희열을 잊지 못하기 때문이다. 많이 벌면 벌수록 더 큰 도박을 해야 짜릿함을 느낄 수 있다. 결국에는 왜 투자를 하는지도 모르고 아까운 시간과 노력과 체력만 낭비하는 것이다. 그럼 여기서 투자와 투기 그리고 도박의 차이를 간단히 짚어 보기로 하자.

투자와 투기는 무엇이 다른가

우리가 간혹 신문이나 TV를 통해 듣는 이야기가 있다. 유명인

누가 어디 땅에 투기를 해서 얼마의 자산이 있다는 등의 뉴스이다. 보통 남들에게 알려지기 전에 먼저 개발 예정 지역에 주택이나 토지를 사는 것을 투기라고 한다. 그럼 투자와 투기는 어떻게 다를까? 위의 예가 투기이고 건전하고 장기적인 이익을 보고 샀다면 투자라고 볼 수 있을까? 만약 개발 예정지라고 발표가 난 땅을 10년 전에 사서 지금껏 소유하고 있다면 그것은 투기일까?

많은 투자자를 만나 강연을 할 때마다 투자와 투기의 차이를 물어보지만 지금껏 명쾌한 정의를 들어 본 적은 없다. 제일 와 닿았던 정의라고 하자면 '내가 하면 로맨스, 남이 하면 불륜'식의 '내가 하면 투자, 남이 하면 투기'이다. 우리가 쓰는 두 단어의 차이는 사회적 위화감이라는 감정이 내포되어 있는가, 아닌가 일뿐이다.

사실 투자를 전문으로 하는 투자기관에서도 투자와 투기를 구분해서 쓰지 않는다. 회사 돈으로 투자를 하는 투자기관의 경우 크게 나눠 두 가지 형태의 투자를 한다고 볼 수 있다.

한 가지는 시장의 비효율성을 이용해 돈을 버는 것인데 비효율성이란 같은 자산이 장소에 따라 다른 가격에 거래되는 것을 말한다. 노량진 수산시장의 광어 1킬로그램의 가격과 가락 수산시장의 광어 1킬로그램의 가격 차이를 이용한다고 보면 이해가 쉽다. 이 둘은 보통 가격 차이가 거의 없지만 만약 차이가 발생한다면 싼 데서 사는 동시에 비싼 데서 팔면 차익이 생긴다. 동시에 거래가 이루어지기 때문에 위험도 거의 없다. 거래할 수 있는 시스템만 갖추고 있으면 가능하다. 요는 얼마나 자주 시세를 체크하고 시세 차이를 찾아 내느냐이다. 이런 거래는 위험이 거의 없는 대신 마진이 적은데, 시장의 오르내림과 상관이 없기 때문에 펀드에서는 절대수익을 추구하는 헤지거래라고 부른다. 앞서 언급한 헤지펀드의 투자 개념과 비슷하다.

또 다른 투자방법은 한 곳에서 시간을 두고 차익이 발생할 것을 기대하여 사고파는 것이다. 이것은 시장 상황에 따라 가격이 변동하는 것을 이용한 일반적인 투자investment이다. 이를 그들 용어로 '스펙한다'고 하는데 사전을 찾아보면 '투기speculation'라는 뜻으로 앞의 음절만 읽어 스펙이라고 한다. 결국 투기와 투자는 말은 다르지만 그 경계는 없다.

하루에도 몇 번이나 사고파는 단기거래나 전략적으로 장기간 보유하는 자산(주식이나 외화)이나 딜러들은 '스펙한다'고 표현한다. 결국 우리가 쓰는 투자나 투기는 다 스펙이다. 다만 위험한 투자냐 덜 위험한 투자냐만이 다를 뿐이다. 위험한 만큼 수익이 큰지, 위험하지 않은 것에 비해 수익이 얼마나 적은지를 따지는 것만 남는다.

하지만 우리가 일상적으로 사용하는 투자와 투기의 의미는 명확히 다르다. 사회적 의미로는 투기는 단기적이고 남모르는 정보를 이용해 투자하는 것이라고 인식되므로, 돈 없고 정보 없는 일반인들에게 위화감을 주고, 사회적으로 지탄을 받기도 한다. 이러한 경향은 최근에 생긴 개념이 아닐까 한다.

투자와 투기의 의미를 되짚어 보는 데는 이유가 있다. 앞으로 우리가 투자를 하게 된다면 그 의미는 곧 스펙을 하는 것이기 때문이다. 이제부터는 스펙을 통틀어 투자라고 부르자.

투자란 무엇인가?

어느 날 지인으로부터 연락이 왔다. 그는 해외 부동산을 알아보고 있었다. 국내는 워낙 모든 것이 다 묶여 있고 당시 북한 상황도 복잡하고 하니 분산투자의 차원에서 해외에 투자하려는 것이었다. 역시 부동산은 거래가 잘되고 수익성이 금리 이상인 것을 우선적으로 찾는다고 했다. 해외 부동산 투자는 법적으로도 문제가 없는 투자이다. 그럼 이런 것만이 투자일까?

지인은 대화 중에 이런 화제를 올렸다. 증조부가 돌아가시면서 남긴 그림이 있는데 조선 말기의 유명 화가의 것이라고 했다. 손자 중에서 할아버지가 제일 아꼈던 그가 그림을 증여 받게 되어 지금껏 잘 보관하고 있다는 것이다. "두고두고 자식에게 물려줘야죠. 팔 생각은 전혀 없습니다. 우리 집 가보니까요." 그림이 그의 집안 가보인 것은 맞다. 하지만 그림은 분명히 가치가 있는 물건이다. 투자를 위해 증조부께서 그림을 소유하신 것은 아니더라도 그림은 자산가치가 있어서 현금화할 수 있다. 그렇다면 이것은 투자로 볼 수 있다.

요약하면 재산을 현금이 아닌 자산으로 소유한다면 그것은 투자라고 할 수 있다. 소유한 집, 시골에 있는 논밭, 투자라고 생각해 본 적이 없는 평생직장인 회사의 우리사주도 투자라고 봐야 한다. 명백히 어떤 의도를 갖고 정보를 얻어 투자 행위를 한 경우나 아무 생각 없이 물려받거나 소유한 재산 역시 투자인 것이다. 이렇게 현금화할 수 있는 자산을 보유한 상태를 투자로 정의하자. 물론 자산을 가졌다고 다 투자라고 할 수는 없다. 사용할 목적으로 구입한 집안의 가구, 자동차 등은 제외된다. 이런 것들은 소모성 자산으로 분류된다.

현금이 아닌 상태를 투자로 봐야 하는 이유는 무엇일까. 만약 여러분이 투자를 잘해서 많은 돈을 벌었다면 이는 좋은 주식을 사서 제때 파는 것으로 시세차익을 얻었기 때문이지 단지 돈 때문이 아니다. 돈을 갖고 있는 것만으로 돈이 늘어나는 경우는 은행 예금 정도이다. 예금은 약간의 이자가 더해질 뿐 현금과 다를 바 없다. 추가적인 부가가치를 창출할 수 없기 때문이다(모든 자산가치가 하락한다면 현금만 갖고 있어도 상대적인 부자가 될 수 있기는 하다). 따라서 우리는 현금이 아닌 자산의 상태를 투자로 보는 것이 옳다.

이렇게 보면 우리가 많은 부분에서 이미 투자를 하고 있음을 알게 된다. 쓰지도 않고 묵혀 두었던 헬스 회원권도 투자이고 무리해서 산 콘도도 투자이다. 만약 중후한 중대형 승용차를 타는 모습이 사업 활동에 중요하다면 그것도 투자라고 볼 수 있다. 따라서 목적이 있는 대부분의 활동이 투자이고, 투자에 대한 손익이 발생함으로써 경제 활동이 이루어진다고 할 수 있다.

투자가 도박으로 변할 때

도박은 주로 매 판이 새로 시작하여 게임을 진행한다. 이런 속성은 손실이 나도 한 번 더 하면 딸 수 있을 거라는, 한 번 더 하면 기회가 올 거라는 기대감을 갖게 한다. 신문을 통해, 강원도에 스키 타러 갔다가 카지노에 들러 도박에 발을 들인 후 가진 돈에 차까지 다 털리고 노숙자로 전락한 사람의 이야기를 접한 적이 있다. 이는 도박이 갖고 있는 강력한 중독성 때문일 것이다. 어떤 일보다 도박은 한 번 빠지면 그 강력한 유혹에서 빠져나올 수 없다는 게 도박 중독자들의 한결같은 말이다.

이러한 도박과 유사한 것이 바로 주식시장의 매매시스템이다. 주식은 도박과 같이 매 판을 새롭게 거듭해서 할 수 있다. 그래선지 주식을 하는 사람 중에 강원도나 마카오 등지에 도박을 하러 가는 사람은 거의 없다. "여기가 거기보다 더한데 어딜 가?"라는 우스갯소리도 일리가 있다. 다른 투자 대상 즉, 부동산, 미술품, 채권, 금, 골프장 회원권 등과 다르게 주식은 도박처럼 할 수 있음을 경계해야 한다. 지금 당신은 투자를 하고 있는가, 도박을 하고 있는가?

제대로 된 목적이 없으면 주식투자 역시 이렇게 될 수 있음을 유의해야 한다. 주식투자도 단기매매를 하거나 돈을 빌려 신용으로 하면 위험이 커지고, 한탕주의에 빠지게 된다. 거기에 선물, 옵션에까지 투자하면 도박이 될 가능성이 많아진다. 이렇게 같은 시장 안에서도 누구는 도박을 하고, 누구는 투자를 한다. 계속 강조하지만 차이는 목적이 있는 투자인가, 없는 투자인가이다.

자전거 타기를 취미로 하는 사람이 있다. 나중에 알고 보니 그의 자전거는 200만 원짜리였다. 그렇게 비싼 자전거가 있나 해서 그를 만날 기회가 있어 물어봤다.

"가지고 계신 자전거가 그렇게 좋다면서요? 200만 원이라고 들었는데요."

"에이, 아니요. 이번에 개비했어요. 500만 원짜리로."

"네? 500만 원짜리로요? 500만 원짜리 자전거도 있어요?"

"아, 그거 중고로 사서 그렇지 새 거로 사면 1200만 원 하죠."

"네에? 1200만 원이요? (호흡을 가다듬고) 그럼 맨 처음 산 자전거는 얼마짜리였죠?"

"처음 산 자전거는 10만 원짜리, 그 다음에는 50만 원, 그 다음에는 80만 원짜리로 바꿨다가 욕심이 자꾸 생기더라고요. 그래서 200만 원짜리 타다가 이번에 바꾼 거죠."

사람의 욕심은 이렇게 점점 커진다. 자신이 왜 자전거 타기를 취미로 하게 되었는지 근본적인 질문에 대한 답이 없는 상태의 자전거 타기는 이렇게 갈 수밖에 없다. 사람의 욕심은 끝이 없다. 어디에 쓸지도 명확하지 않은 돈을 벌기 위해 위험을 불사한다. 그래서 주식시장은 하기에 따라 충분히 도박이 될 수 있다. 먼저 나의 투자 목적을 정하자. 그리고 목적을 이루기 위한 효율적인 투자방법을 찾자. 그래야만 투자의 첫 단추를 제대로 꿰는 것이다.

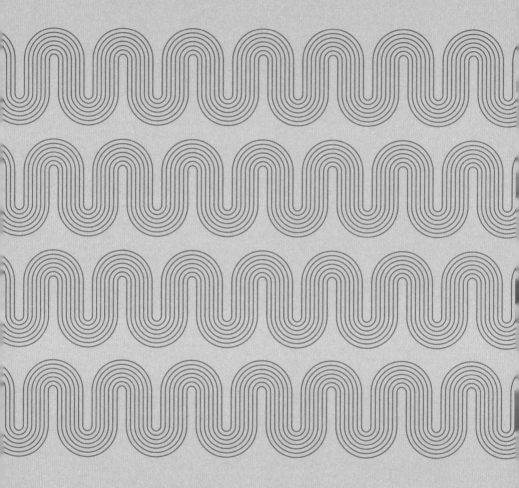

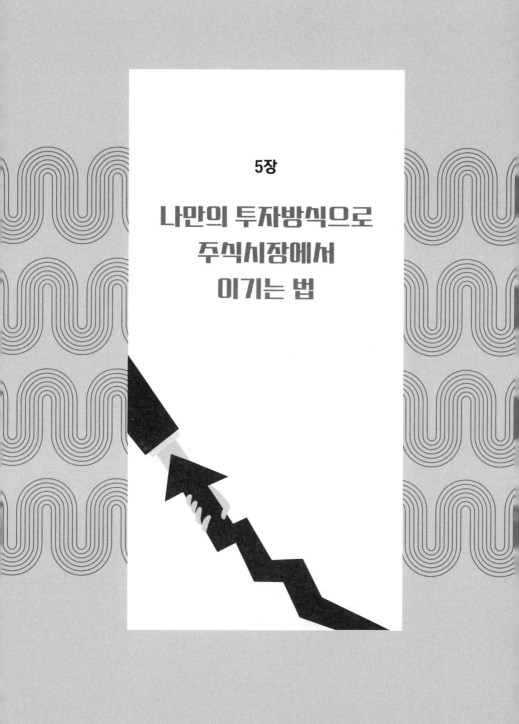

5장

나만의 투자방식으로
주식시장에서
이기는 법

성공으로의 길을 스스로 갈고 닦아라

📈

주식시장을 지켜보면 유행하는 주식군이 수시로 바뀌는 것을 보게 된다. 그것을 우리는 장세라고 부르는데 장세는 살아있는 생물처럼 시시각각 변화한다. 1월은 테마주 장세였다가 2월은 외국인 장세, 3월은 대표주 장세, 4월은 저가주 장세, 5월은 실적 호전주 장세가 되는 식이다. 모든 장세에서 성공적으로 수익을 내는 투자자가 있을 까. 끊임없이 변화하는 주식시장에서 수익을 계속 낼 수 있는 노하우를 가진 투자자는 없다. 만약 있다면 그는 로또에 당첨되듯 운이 좋았을 뿐이라고 생각한다.

개인투자자는 매 장세를 프로선수가 나가는 대회쯤으로 여기고 매 대회에 우승 내지는 상위권에 도달하는 것을 목표로 하는 경향이 있다. (특히 전업투자자 중에 이런 사람이 많다) 하지만 안타깝게도 한 대회도 입상하지 못하고 시즌을 접는 경우가 대부분이다.

그래서 무엇보다 투자자는 자신만의 투자방식을 가져야 한다. 투자방식을 갖는다는 것은 내가 잘할 수 있는 대회를 겨냥해서 집중 훈련하는 것과도 같다. 내게 유리한 날씨와 습도, 경기장 분위기 등의 요소를 고려해서 내가 잘할 수 있는 대회를 찾고, 그것에 집중 훈련하여 참가하는 전략이다. 그래야 승률이 높아진다.

투자방식을 정해야 하는 또 다른 이유는 투자는 마음의 결정으로 일어나는 행위이기 때문이다. 인간은 완전한 존재가 아니므로 때때로 감정적으로, 비일관적으로 행동한다. 그럼 투자방식을 정하는 데 제일 중요한 것은 무엇일까.

그것은 투자 기준을 세우는 것이다. 투자방식은 투자 철학에서 나오고 투자방식에서 매매 기준이 나온다. 무엇을 기준으로 주식을 사고팔 것인지를 정하지 않고 투자를 시작하면 즉흥적이고, 감정에 치우칠 수 있다. 그날의 감정 기복에 따라 비슷한 상황에서도 어떤 때는 주식을 팔고 어떤 때는 같은 주식을 산다. 사람인 이상 심신이 피곤할 때도 있고, 손해를 많이 보거나 시장이 폭락하면 불안할 때도 있다. 이럴 때는 일관된 결정을 하기 어렵다. 많은 투자자가 거치는 심리적 과정이다.

투자심리가 흔들리지 않으려면 즉, 투자를 잘하고 싶다면 가장 먼저 투자 기준을 세워야 한다. 많은 투자자에게 주식을 왜 샀냐고 혹은 왜 팔았냐고 물어보면 답은 중구난방이다. 기준이 없기 때문에 일관된 결정 과정이 전혀 없다. 투자 경력이 많은 투자자조차 자신만의 투자방식을 갖고 있는 사람은 많지 않다. 가끔 어떤 투자자는 투자방식 대신 자신의 동물적인 감각으로 결정한다고 하는데 이는 위험천만한 일일뿐만 아니라 지속적인 수익을 낼지도 의문이다. 비단 투자라는 행위 말고도 인생에서 먼저 기준을 정해야 합리적인 결정을 내릴 수 있다.

투자의 고수는 자신이 잘 칠 수 있는 볼을 알고 그 볼이 오기만을 기다린다. 엄청난 경험에서 우러나오는 자기 나름대로의 투자방식이 있다. 기관투자자 역시 조직 내 매매 시스템이 있고 회사 차원의 인프라와 매니저로서의 수십 년간의 지식, 노하우, 경험이 있다. 자산운용업계에 오랜 기간 있던 한 선배는 수십 년간 증권계에 있었음에도 은퇴 후 주식투자를 하지 않는다. 적립식 펀드만 들며 마음 편하게 지낸다고 한다. 이유를 물었다.

"내가 주로 쓰는 투자 방법은 많은 데이터나 자료가 지원돼야 하는데, 예전에는 데이터나 분석 자료도 많았고 지원해 주는 팀원, 애널리스트, 브로커가 많았지. 지금은 뭘로 판단을 하나? 내가 찾은 분석 자료는 워낙 기본적이어서 별 쓸모가 없는데."

이런 고참도 어려움을 느끼는데 이제 막 투자를 배운 개인투자자는 장님이 코끼리 만지는 정도에서 투자 결정을 내리는 것과 다를 바 없다. 그래서 개인투자자는 더욱더 이길 수 있는 전투를 골라서 집중적으로 훈련하는 방법 즉, 자신만의 투자방식을 개발하고 지속적으로 투자 경험을 쌓아 검증하는 방법을 취해야 한다.

만약 나만의 투자방식이 없다면 어떻게 해야 할까? 이 책에서 일관되게 주장하는 바가 이것이다. 나만의 투자방식이 없다면 투자에 나서지 마라.

시간은 또 다른 투자자금이다

자신만의 투자방식을 만드는 데 있어서 주의해야 할 점은 투자자의 여건에 맞는 투자방식을 정하는 것이다. 예를 들어, 시세단말기를 자주 보기 어려운 바쁜 직장인이 데이트레이딩을 하다간 업무에 소홀해 직장에서 진급을 남들처럼 못하는 수가 있고 매매가 잘 안되면 큰돈을 손해 볼 수도 있다. 기업 회계에 조예가 깊은 투자자라면 장기적인 관점에서 기업과 주가의 연관성에 대해 연구를 하는 것이 가능한데 굳이 단기전략을 쓰는 방향으로 투자방식을 정할 필요는 없다.

자, 그럼 여기서 투자 여건에 따른 투자방식을 알아보자.

첫 번째는 시세단말기를 종일 접할 수 있는 환경의 투자자다.

장점은 투자에 전념할 시간이 많다는 것이고 단점은 시세의 변화에 지나치게 민감해지며 이에 따른 유혹에 휩쓸릴 수 있다는 것이다. 그래서 단기매매에 쉽게 빠진다.

이들의 공통된 특징이 몇 가지 있다. 주식을 사 놓고 몇 개월씩 기다리는 것만큼 힘든 것은 없다. 시세 함정에 빠지기 쉽고, 종목을 가리지 않고 좋아 보이면 투자한다. 때문에 위험한 선물이나 옵션의 투자로 흐를 가능성이 높다. 투자방식이 따로 있어도 눈에 보이는 주식에 흔들릴 위험도 높다.

이런 사람은 시세의 유혹에 흔들리지 않을 강한 정신력이 무엇보다 중요하다. 이에 대한 대안으로는 하루 종일 주가를 보는 대신 기업 분석에 몇 시간을 투자하는 방법이 있다. 하루 종일 6시간 이상 시세단말기를 보고 나면 신체적으로 피로해져 다른 일에 몰두하는 것이 쉽지 않다. 그래서 중간에 두 시간 정도 단말기를 끄고 다른 일을 해 보는 것을 추천한다. 기술적인 매매 타이밍을 찾는 것도 방법이나 그 이외의 이벤트적인 매매 타이밍을 찾는 것도 좋은 방법이다.

거듭 강조하지만 단타를 하게 되면 상황에 따라 감정적으로 대응하기 쉽다. 이를 막기 위해서는 객관화된 매매 기준을 만들어야 한다. 투자방식 중에 CTA 같은 식의 매매전략 위주로 하는 것도 좋다. 이 방법을 쓰는 헤지펀드는 정교한 수학적 계산을 적용하여 과거 시세 변동을 검증하고 현재의 상황을 감안하여 투자한다. 매매 기준을 엄격하게 적용하는 CTA 전략은 어느 정도 기계적인 매매를 하게 돼서 감정적으로 상황에 따라 대응하기 쉬운 단타매매의 단점을 최소화할 수 있다.

두 번째는 본업이 따로 있어서 주가를 자주 볼 수 없는 투자자이다. 이 유형의 투자자는 시세 단말기를 자주 보는 투자자보다 시세의 유혹이 없다는 점에서 좋지만 주식투자에 전념할 시간이 모자라 정보량이나 정보 해석, 지식 면에서 부족하다는 단점이 있다.

이러한 투자자의 일반적인 문제는 누군가가 주식에 대해 이야기하면 여과 없이 듣고 투자 결정을 한다는 것이다. 때문에 투자 타이밍이 항상 늦다. 이들의 귀에 들릴 정도면 주가도 많이 오른 상태이다. 게다가 한두 종목에 집중투자하기 때문에 위험도 크다. 장중 악재에 대응할 수 없다는 것도 단점이다. 저가주에 투자해 놓으면 언제 어떻게 될지 몰라 업무에 방해가 될 수도 있다.

그러나 이런 유형의 투자자는 장기적으로는 투자 기간을 잡고, 투자 계획을 세울 수 있다는 장점이 있다. 주변에 잘 아는 기업이나 산업에 투자하여 전문가와 분석 내용을 공유해 보는 것도 좋다. 장중 개별종목의 악재에 대응하기 어려우므로 우량주, 대형주 위주로 투자하는 것이 바람직하다.

그 밖에 어느 정도 기업에 대한 전문적인 지식이 있는 투자자라면 보다 전문적이고 세부적인 투자방식을 세울 수 있다. 특히 기업에서 재무 회계계통에 근무해서 관련 지식이 있다면 그는 과거의 주가 움직임과 기업의 재무제표를 통해 투자할 주식을 찾을 수 있을 것이다. 엔지니어나 식당 경영자와 같이 한 업종에 오래 근무해서 얻을 수 있는 정보의 양과 질이 많은 경우에도 투자방식을 정하는 데 도움이 될 수 있다. 과거에 미국에서 보험 주식만 집중적으로 투자해서 성공한 투자자가 있듯이 자신이 잘 아는 사업에 적용해 볼 수 있다.

명확한 목적은 투자방식을 결정짓는다

이제껏 투자 목적이 투자의 기본이라고 거듭 강조해 왔다. 투자 목적이 정해졌다면, 목적에 따라서도 투자방식이 바뀔 수 있다는 것을 짐작할 것이다.

우선 투자 목적을 정해 보자. 정말 용돈을 쓰려고 소액으로 하는 것인지, 2년마다 이사해야 하는 전세 신세를 면하기 위해 목돈을 만들기 위한 것인지, 그동안 모아 놓은 목돈을 정기예금 이자로는 절대로 못 굴리겠으니 무언가를 해보겠다는 것인지 등 여러 가지가 있을 것이다.

우선 심심풀이로 소액을 해보겠다면 투자를 배우는 차원의 투자자일 것으로 생각된다. 이렇게 시간을 들여 투자를 배우고 나중에 자신의 방법을 만들어 큰 금액으로 하겠다는 것은 좋은 자세이다.

2년 후 전세 계약을 위해 한정된 시간 안에 목돈을 만드는 것은 저축과 투자를 같이 하는 방식이 되어야 한다. 적립식 펀드 투자도 고려해볼 만하다. 장기적이면 월불입식 형태가 되므로 보수적이거나 우량한 주식에 주로 투자하는 펀드를 고르되, 만기 시기를 확인하는 것도 잊지 말아야 한다. 시간에 쫓겨 단기로 투자할 이유는 없다.

마지막으로 은행이자가 적어 목돈을 굴리기 위해 투자를 한다면 매우 보수적인 접근이 필요하다. 배당투자, 초우량주 투자, 롱숏 전략 등이 이에 해당될 것이다. 되도록 원금에서 손해가 나지 않도록 리스크가 높은 것은 피해야 한다. 위의 예는 시대마다 투자 해법이 다 다를 수 있음을 유념하기 바란다.

투자방식을 정하는 4단계 _____ ★

❶ 투자 목적

목적이 서면 그것을 이루기 위한 실천 가능한 투자방식을 개발할 수 있다. 정확한 동기부여가 되는 목적일수록 좋다. 혼자만의 생각으로 그때그때 투자하는 것이 아닌, 투자방식의 기본적인 테두리를 확실히 정하는 것이 필요하다. 무엇보다 먼저 투자를 하는 장기적인 목적을 확실히 정하고, 자신을 냉정하게 판단해야 한다

❷ 투자 여건

나의 투자 환경을 냉철하게 분석한다. 경제나 기업분석에 대한 지식 혹은 투자 경험에 대한 수준 그리고 위험에 대한 성향으로 보아 향후 어떤 투자가 나에게 용이할지 판단한다. 경제나 회계 그리고 주식시장에 관한 지식이 전혀 없는 투자자라면 기본적인 지식을 어느 정도 공부해두는 것이 필요하다.

❸ 투자 심리

주변에서 자주 듣는 성격이 투자 성향에 밀접한 관련이 있을 수 있다. 고집이 센지, 남의 말을 쉽게 듣는지, 때때로 자신감이 과하지 않은지, 지나치게 긍정적이거나 합리적이라고 생각하지 않는지 등을 살펴볼 필요가 있다. 특히 충동적인 면은 투자에 가장 큰 위험요소이다. 과거에 충동적인 행동을 했던 예가 있었는지를 알아보고 앞으로는 그런 상황에 어떻게 대처할지를 생각해 본다.

❹ 투자 시간

시간은 투자방식을 정하는 데 가장 중요한 요소이다. 투자가 본업이 아니라면 본업과 밸런스를 맞춰야 한다. 투자에 대한 이력이 쌓이지 않았는데 무턱대고 투자자로 전업하는 것은 바람직하지 못하다.

6장

투자 종목 선정에
중요한 것들

기업을 숫자로 평가하라

투자 기준을 정할 때 계량적인 데이터를 주로 쓰게 된다. 자기자본이익률, 부채비율, 주가수익비율 등이 그것이다. 이런 데이터는 증권사에서 발간하는 상장기업 소개 책자와 각 상장회사의 사업보고서를 통해 구할 수 있다. 무엇보다 재무제표는 이미 공식적으로 발표되어 확정된 정보와 증권사 리서치 등에서 전망하는 정보를 어떻게 가려서 쓸지를 정해야 한다. 또한 각 증권사의 리서치에서 전망이 다를 때 어떤 것을 어떻게 반영할지도 미리 정해야 한다.

주가는 이미 발표된 데이터가 반영될 뿐 아니라, 아직 확정되지 않은, 애널리스트들이 예측한 데이터가 미리 반영되기도 한다. 이런 정보를 어떻게 구분하여 투자에 적용할지 고민해 보아야 한다.

주식투자는 주식을 사서 시세 차익이나 배당을 통해 수익을 추구하는 행위이다. 하지만 본질적으로는 투자할 기업에 내 돈을 맡기는 것이라고 봐야 한다. 회사의 이익이 곧 나의 수익이 되지는 않지만 궁극적으로는 수렴될 수밖에 없다. 연 10퍼센트도 실적이 나오지 않는 기업에 투자를 하면서 '나는 매년 30퍼센트를 벌고 싶다'는 것은 어폐가 있다. 다소 원론적이지만 이는 투자 철학과도 연관이 된다.

ROE가 다년간 높은 수준을 유지해 온 회사에 계속 투자를 하고 있다면 나의 수익도 거기에 수렴한다고 예측할 수 있다. 하지만 역시 수익은 수익이고 주가는 주가이다. 높은 수익성 때문에 주가가 이미 상당 수준 올랐다면 투자하는 데 부담이 될 것이다. 어쨌거나 장기투자를 하는 투자자에게는 중요한 요소이다.

ROE의 현재 수준은 낮지만 앞으로 좋아질 것으로 예상될 때 주가의 상승 탄력이 높다는 가설도 설득력 있다. 그래서 ROE가 증가일로에 있을 때를 포인트로 잡는 것도 가능하다. 이 모든 것이 ROE와 관련한 투자 기준이 될 수 있다.

PER는 현재 주가를 주식 한 주가 벌어들이는 수익으로 나눈

것이다. 예를 들어, PER가 12이면 회사가 일 년간 주식 한 주로 벌어들인 수익의 12배 정도로 주가가 형성되어 있다는 뜻이다.

회사는 발행한 주식 수로 모든 것을 나타내는데 주식수가 1만 주, 작년 순이익이 1000만 원일 경우, 한 주가 벌어들인 이익 즉, 주당순이익EPS, Earning Per Share은 1000원이 된다. 한 주로 1000원을 번 셈이고 만약 주가가 1만 2000원에 형성되어 있다면 PER는 12가 된다. 올해 순이익이 2000만 원으로 작년 대비 배가 된다면 올해의 주당순이익은 2000원이 되고 주가가 1만 2000원이므로 PER는 6이 된다.

이렇게 PER가 적어졌는데 이 상황은 쉽게 설명하면 기업의 수익이 증가했지만 그에 맞추어 주가가 오르지 않았으므로 앞으로 주가의 상승 여력이 있다고 볼 수도 있다는 뜻이다. PER는 기업의 주당 수익과 주가 사이의 연관성을 의미한다. 수익이 증가하면 주가도 상승하는 것이 이 투자게임의 요체이다. 물론 반드시 일치하지는 않지만 PER는 이를 판단하는 단적인 지표이다. 1990년대 초반까지 PER라는 용어를 대부분의 투자자가 몰랐다. PER는 사전에만 있던 용어였고 투자 지표로 사용하는 투자자는 거의 없었다. 1992년에야 자본시장이 개방되어 외국인투자자가 우리 시장에 들어오면서 부각되었다. PER가 저평가된 주식 위주로 외국인의 매수가 이어져 큰 시세를 낸 PER 혁명 이후 주요 지표로 자리 잡았다.

대부분의 기업은 일정한 PER의 범위 내에서 거래된다는 것을 알 수 있다. 매매 타이밍을 PER가 범위의 저점에 근접할 때 투자해서 고점 가까이에 파는 것은 아주 고전적인 투자법인 만큼 항상 어느 정도 맞아떨어진다. 숫자만 보고 투자하는 것은 위험하지만 기업을 둘러싼 경영 환경이 대동소이하다면 써볼 만한 전략이다. 기업의 실적이 호전되어 PER가 낮아질 것을 예상하여 투자하고, PER가 평균치 내지는 사이클의 최고치가 될 때 파는 전략도 대체로 유효하다.

예를 들어, 과거 오랜 기간 PER가 7에서 15 사이를 오갔던 회사가 있다고 하자. 작년까지 PER는 14로 약간 높은 수준이라고 볼 수 있다. 이때의 주당순이익이 1만 원이고 주가는 14만 원이었는데 만약 올해 주당순이익이 100퍼센트 증가하여 2만 원이 되었다면 현재 PER는 7이 되어 가장 저평가된 상태가 된다. 과거에 PER가 7 이하였던 적이 없으므로 어느 정도 자신을 갖고 당장 투자해볼 만한 상태인 것이다.

그럼 이 회사의 주식은 언제 팔아야 할까? 그것은 주가가 더 오르거나 혹은, EPS가 감소하여 PER가 다시 15가 되는 시점에 파는 것을 상정해 볼 수 있다. 주가가 상승하여 PER가 15가 된다면 엄청난 수익을 낸 상태일 것이고 반대로 EPS가 감소하여 PER가 15가 된다면 회사의 미래 수익을 잘못 계산하여 손해를 보았거나 혹은 별 재미를 못 본 상태일 것이다. 약간의 조사만 해봐도 회사의 수익을 예측하는 것은 하는 것은 어렵지 않으므로 후자의 상황은 피할 수도 있다.

따라서 회사의 수익 내용은 중요하다. 회사의 수익 내용이 지속적인 것이라면 주가 상승도 가능하고 기업에 대한 재평가도 가능하다. PER를 보는 이유는 수익이 증가한 만큼 이후에도 지속적으로 증가할 것을 기대하기 때문이다. 재작년보다 작년의 수익이 더 나오면 올해는 더 나아질 것이 쉽게 예상되는 식이다. 그러나 회사 소유의 부동산이나 주식을 팔아서 생기는 일과성 수익은 한 번에 그치는 이벤트이므로 에누리해서 파악해야 한다.

이러한 PER 전략은 경기민감형 업종의 주식에서는 잘 먹히지 않는다. 대폭 흑자와 적자를 오가는 경기민감형 산업에서는 PER가 높거나 혹은, 적자로 계산이 안 될 때가 주가의 바닥이었고 저 PER일 때는 오히려 매도의 타이밍이었던 적이 많다.

경기민감형 기업 A가 있다. 예를 들어, A의 최근 5년간 EPS는 25원, 870원, 3490원, 1만 1790원, 375원의 움직임을 보였다고 하

자. 경영을 못해서 라기보다 경기에 민감한 업종이기 때문이다. 수치상으로도 예상할 수 있듯이 초기 4년간 주가는 많이 상승한다. 하지만 주당순이익이 25원에서 1만 1790원으로 뛰었다고 해도 주가는 고작 몇 배 정도 오르는 게 보통이다. 주당순이익이 25원일 때 주가가 1만 원이라면 PER는 400(=10000/25)이므로 고평가 된 듯 보여 투자하면 안 되겠다고 생각하지만 오히려 투자해야 할 시기일 수 있으며, 주당순이익이 1만 1790원일 때 주가가 많이 올라 7만 원이 되었다면 PER는 5.93(=70000/11790)이므로 사야 할 시점으로 보이지만 오히려 팔아야 할 시기일 수 있다는 것이다. 이익이 많이 나다 보면 곧 불경기가 닥쳐 이익이 감소하는 국면으로 가기 때문이다.

많은 기업이 경기 변동에 흔들리지 않는 고정적인 수익이 보장되는 사업을 개발하기 위해 노력하지만, 경기민감형 기업이 반드시 부정적인 것만은 아니다. 모든 투자는 상승기와 하락기가 있어서 경기 등락에 비해 성과가 더 나오기도 하기 때문이다. 경기민감형 산업이란 주기적으로 시황에 의해 좌우되는 산업으로 건설, 증권, 석유화학 등 거의 모든 산업이 관련되지만 경기에 더 밀접하게 연결된 업종이다.

많은 투자자가 저PER라는 것만 보고 뛰어드는 오류를 범할 수 있다. 하지만 우량기업의 이익이 대폭 축소되거나 적자를 내고 있다면 오히려 매수 타이밍일 수 있다. 주가가 오르면서 기업의 업황이 좋아지는 경우가 많기 때문이다. 이는 전문가도 판단하기 매우 어려운 면이 있다.

이외에도 수익 대비 주가가 낮은 기업들이 있다. 정상적인 경영에 의해 기업이 수익성이 좋은데도 저PER 상태라면 그 이유를 먼저 파악해야 한다. 비율만 보고 기계적으로 판단할 내용은 아니라는 것이다. 특히 2000년대 이후로는 기업이 속한 업종 내에 기술 발전이나 고객의 소비 패턴의 급격한 변화로 미래의 사업성이 급변하는 경우가 많아서 왜 저평가되었는지에 대한 연구가 꼭 있어야 한다.

시계 제조업이 좋은 예이다. 시계 제조업은 수공업에서 무브먼트의 개발로 대량 생산업으로 변했다. 누구나 시계를 찼고 시장은 충분했다. 하지만 1990년 중반 갑작스럽게 밀어닥친 휴대폰의 대량 보급으로 시계가 필요 없어졌다. 투자자들도 시장의 변화를 느꼈고 주가는 오르지 않은 채 저PER 상태에 머물렀다. 시계 제조업은 구조적인 불황에 직면했고, 주가는 저평가되었다. 이후 많은 시계 제조회사가 돌파구를 찾아 움직였다. 저가 패션시계의 개발로 새로운 시장을 찾거나 초고가의 명품시계를 출시하여 럭셔리산업으로 자리를 잡았다. 이렇다 보니 이미 생산이 중단된 지 오래된 스위스의 브랜드를 다시 살려내 브랜딩한 기업까지 나오게 되었다.

PBR은 price to book ratio의 줄인 말이며 이는 곧 주당순자산 비율, 1주당 기업의 순자산이다. 1994년 자산주 붐 이후 투자자가 자주 보는 투자 지표가 되었다. 당시는 회계 처리가 투명하지 않던 시절이라 허수가 많았지만 회계방식이 국제회계기준IFRS으로 바뀌면서 정확한 지표로 고려해 볼 수 있게 되었다. 국제회계기준은 기업이 보유한 자산에 대한 보다 현실에 가까운 가치를 알 수 있도록 한다. 과거에는 자산가치가 모호한 자산은 취득원가를 공시하도록 하였으나 이는 현실적인 가치와 거리가 먼 경우가 많았다. 이제는 전문가 즉, 감정평가사 등의 도움으로 근접한 평가를 하고 투자자도 볼 수 있게 되었다.

PBR이 회사의 자산가치를 보는 지표이지만 이것이 작다고 가치주라고 보는 것은 지나치게 단순한 발상일 수 있다. PER와 마찬가지로 왜 이 주식이 저PBR 상태로 방치되어 있는지를 알아봐야 한다. 대부분의 부동산은 가치만 있을 뿐 매매가 자유롭지 않고 기업이 위기일 때 급매물로 나오는 부동산이나 사업부의 M&A는 정상 가치보다 엄청 낮을 수밖에 없다. 부동산이나 자산은 기업이 그것을 어떻게 이용하느냐에 따라 충분히 유동적일 수 있음을 감안해야 한다. 용도가 바뀔 여지가 있다는 것이다.

주로 기업의 성장성을 보고 투자하는 투자자에게 필요한 지표이다. 성장주에 투자하는 투자방식을 가진 투자자가 매출액성장률을 안 본다면 어불성설이다. 이와 더불어 수익 증가도 성장주 투자를 하는 데 중요한 기준이 된다.

이외에도 성장주 투자자라면 계량화할 수 없는 질적인 내용을 파악해야 한다. 회사가 매출을 늘리기 위한 전략을 쓰는지 아니면 순이익을 높이기 위한 전략을 쓰는지도 파악해야 한다. 두 마리 토끼를 다 잡겠다는 것은 현실적으로 불가능하기 때문이다. 분명 회사가 더 중시하는 것이 있을 것이다.

투자자 중에는 성장주와 기술주를 혼동해 생각하는 경우도 많다. 물론, 첨단기술주는 시장에 큰 영향을 미치면 급속도로 매출 증가를 일으켜 주가가 뛰기도 하지만 다 그렇지는 않다. 기술주가 곧 성장주라는 선입견을 가지면 곤란하다. 기술주에 투자하기 위해서는 해당 산업 기술에 관한 대략적인 이해가 필요하고, 성장주는 회사의 매출이 느는 것을 중점으로 봐야 한다.

부채비율이 어느 정도 이상인 기업은 피하는 것이 기준이 될 수 있다. 주식투자의 가장 큰 위험은 상장 폐지 혹은 투자 기업의 파산이다. 다른 요인도 많지만 가장 큰 타격을 주는 것은 회사의 빚이다. 절대 망하지 않을 기업에 투자하고 싶다면 부채비율을 중시해야 한다.

그러나 투자란 위험을 무조건 피하는 것이 아니고 관리하는 것이다. 통제 가능한 위험은 오히려 수익을 극대화할 수 있다. 성장성이 높은 사업을 자기자본만 갖고 한다면, 즉, 부채비율을 너무 낮게 유지하려고 한다면 이는 필시 기회를 놓치는 것이기도 하다.

여러분의 포트폴리오에서도 마찬가지이다. 나이가 젊고 안정적인 직업을 가졌다면 다소 리스크 있는 투자를 해 보는 것도 좋다. 나이가 많은 편이거나 투자에 전념할 수 없는 여건이라면 부채가 많아 리스크가 큰 투자는 피하는 것이 좋다. 명심할 것은 이익이 클수록 리스크가 크다는 것이다. 그래서 리스크와 리턴은 항상 같이 간다고 하는 것이다.

시가총액은 회사가 발행한 주식 수에 주가를 곱한 것으로 회사의 전체 거래가치를 말한다. "회사가 발행한 주식 전체를 다 산다면 얼마입니까?"라고 묻는다면 시가총액을 의미하는 질문이 된다. 시가총액의 규모에 따라 회사의 규모를 나누는데 대부분의 펀드나 기관투자자는 시가총액을 투자 기준으로 두어 중소형 주식에 투자를 제한한다. 투자하는 종목 수가 너무 많아지면 관리하기 복잡하기 때문이다.

대부분의 고객이 기관투자자인 외국계 혹은 글로벌 증권사는 중소형주에 관한 자료는 거의 내지 않는다. 기관투자자의 니즈에 맞지 않고 시간을 들여 자료를 준비할 만한 경제적 가치가 없기 때문이다. 상장기업에 관한 조사 자료를 한 번 내기 시작하면 해당 회사의 주식에 투자한 투자자를 위해 지속적으로 자료를 내야 한다. 성공적으로 주가가 올라 대형주가 되면 좋겠지만 중형주에 머물러 있으면 계속 자료를 낼 수도 없고 안 낼 수도 없는 상황에 처할 수 있다. 따라서 만약 외국계 증권사에서 어떤 중소형주에 대한 자료를 냈다면 지속해서 낼 만큼의 자신이 있다는 뜻이고 외국인투자자가 그 주식을 산다면 펀드투자자로서 어느 정도의 지분을 투자하기 위해 한동안은 순매수를 지속할 가능성이 있다고 해석할 수 있다.

알려지지 않은 소형주는 경력이 많지 않은 개인투자자는 되도록 피하는 것이 좋다. 소형주일수록 많은 귓속 정보나 루머, 허위성 분석 자료가 난무한다. 또 주가가 오르면 좋은 주식, 내려가면 안 좋은 주식으로 보이기 때문에 중소형주의 시가총액이 커지면 커질수록 이제 곧 기관투자자도 이 주식에 투자할 것이라는 장밋빛 전망이 냉철한 사고를 흐려 놓을 수 있다. 여러분이 일차적으로 기업의 내용을 알 수 있는 위치가 아니고 이차, 삼차 정보를 듣는 상황이라면 더욱 피하는 것이 좋다. 대부분의 개인투자자는 이런 주식에서 큰 손실을 볼 수 있다.

개인투자자 중 초대형주 위주로 투자하는 투자자는 보기 힘들다. 하지만 초대형주 위주의 투자에 대해 고려해 봄 직하다. 대부분의 글로벌 기관투자자는 우리나라의 초대형 상장주식에 투자를 한다. 왜 그런지 생각해 보는 것도 도움이 될 것이다.

배당성향은 말 그대로 회사가 1년에 한 번씩 얼마나 배당해 왔느냐를 나타내는 지표이다. 성장성이 높은 회사는 사업 자금이 많이 소요되기 때문에 배당을 할 돈으로 재투자하여 수익을 올리려 하므로 배당성향이 낮을 수 있고, 성장성이 낮은 회사는 별달리 투자할 사업 없이 기존의 사업만을 영위하기 때문에 배당을 많이 하는 성향이 있다.

의외로 상장기업 중에는 꾸준하게 배당을 하는 회사가 있다. 우선주의 경우에는 더 좋은 조건으로 배당을 받을 수 있다. 요즘같이 금리가 낮은 시대에는 주가 차익뿐 아니라 은행 이자에 못지않게 배당을 받을 수 있는 주식은 좋은 투자 기준이 된다.

이외에도 수많은 재무제표상의 비율을 투자 기준으로 활용할 수 있다. 오래 전 일이지만 내 고객 중 외국계 펀드는 항상 특이한 재무비율을 계산해 줄 것을 애널리스트에게 부탁하곤 했다. 그럴 때마다 애널리스트가 투덜거리는 것을 본 적이 있는데 그 재무비율이 바로 그들의 투자 기준이었던 것이다.

이미 말했지만 재무제표상의 기준은 이미 확정된 지난 기의 것을 쓴 것과 증권사가 리서치 자료로 내놓은 올해 이후의 예상치를 쓴 것이 있다. 그것들이 주가에 어떻게 영향을 미칠지를 파악하는 것이 필요한데 개인투자자라면 미래의 예상치를 위주로 쓰는 게 낫다고 본다.

이렇게 보면 투자하기 위해 연구해야 할 것이 매우 많다. 이것을 복잡하지만 재미있는 작업으로 생각한다면 투자에 최소한의 소질이 있다고 볼 수 있다. 연구하는 것을 좋아하고 크게 볼 줄도 알며 마음의 평정을 유지할 수 있다면 당신에게 남은 것은 좋은 전략을 세우는 것뿐이다.

CEO는 기업의 얼굴이다

투자 대상 기업의 CEO가 경영했던 과거 회사의 주가나 실적을 조사하고 투자를 결정한다. 우리 기업문화에서 여러 기업을 돌아다니며 성공적으로 팀을 이끄는 히딩크 전 감독 같은 CEO는 드물지만 앞으로는 이런 CEO들이 나올 가능성도 있다.

대형그룹에 속한 작은 회사의 경우 장기적으로 그룹의 위상에 맞게 성장하는 경우가 있다. 1990년대초 소형 증권사였던 국제증권을 인수한 삼성증권은 위기가 닥칠 때마다 성장을 거듭하여 그룹의 수준에 맞는 초대형 증권사로 발전했다. 즉, 현재 대형 그룹에 속해 있으면서도 규모가 작은 증권회사 주식이 대상이 될 수 있다. 매우 장기적인 관점이다.

CEO가 바뀌면 기업이 추구하는 방향을 짐작하기 힘들기 때문에 주가에 영향을 미칠 수 있고, 기업의 성장 동력 등 장기적인 관점에서의 변화가 생기기 때문에 이를 눈여겨보아야 한다.

경영진 외에 고객 또한 중요하다. 초대형 자동차 회사가 고객인 자동차부품 회사라면 자동차 회사의 경영난이나 거래처 변경 같은 일은 부품 회사에게 치명적이다. 이외에 하청업체는 상장을 하면 재무제표 공개로 제품 마진이 어느 정도 드러나기 때문에 자동차회사와의 협상력저하로 투자의 열위에 선다는 것도 부정할 수 없다. 이렇게 인위적으로 관계가 집중되어 있는 회사의 주식은 언제라도 디스카운트될 수 있음을 염두에 두거나 피하는 것이 좋다.

기업이 추구하는 가치를 파악하라

과거에는 주식투자자 즉 소액주주에게 관심이 전혀 없는 기업이 많았다. 요즘에는 그런 기업이 상대적으로 많지 않지만 본업에만 충실할 뿐 기업설명회IR, Investor Relations 등에 적극적이지 않다면 주가 움직임은 둔할 수밖에 없다.

투자자나 증권사 애널리스트와 커뮤니케이션을 잘하는 기업이 아무래도 투자할 때 편하다. 크렘린같이 회사 내에서 무슨 일이 일어나는지 알 수 없다면 무엇을 믿고 투자할 수 있을까. 하지만 반대로, 주가에 너무 관심이 많은 기업도 의도를 알아봐야 한다. 기업을 경영해서 돈을 버는 것보다 단기간에 주식으로 돈을 벌려고 하는 기업일 수 있다.

정보의 흐름이 자유롭고 거래가 편한 요즘의 주식시장에서는 과거에 비해 저평가된 종목이 많지 않다. 하지만 저평가된 비즈니스 모델은 언제고 존재할 수 있다. 훌륭한 사업 모델에 대한 일반인들의 이해가 부족하다면 사업은 저평가되었다고 볼 수 있다. 그러다가 시간이 지나고 수익이 나오기 시작하면 그때서야 투자자들은 저평가되었다고 몰려들 것이다. 그러면 저평가된 비즈니스 모델은 어떻게 찾아낼까?

우선 회사가 속한 산업 내의 기술적인 변화가 있는가를 체크해 보아야 한다. 증권업의 예를 들면, 지난 20여 년 사이에 인터넷 발전과 온라인거래 활성화가 일어났다. 예전에는 증권거래소 회원으로서 매매시스템 즉, 매매수단을 증권사가 갖고 있었고 투자 정보도 증권사가 갖고 있었다. 하지만 이제는 온라인 주식 거래 수수료가 거의 없어졌고, 따라서 매매수단은 고객에게 넘어갔다. 많은 투자정보를 인터넷에서 조회할 수 있어 정보 역시 고객의 것이 되었다. 브로커리지외 새로운 이익모델을 만들어야 투자자의 관심을 끌 것이다.

과거에는 위탁영업에서 거래소 회원권도 사야 하고 당국의 허가도 받아야 하는 장치산업에 속했고, 진입장벽도 높은 사업이었다. 허나 이제는 그런 가치가 전혀 없어졌다. 증권사에게 새로운 비즈니스 모델이 필요한 때이다. 자기자본으로 투자하는 것 위주의 수익모델이나 은행, 보험을 융합한 종합자산관리업 등이 일례이다. 돌파구를 찾지 못한 증권주는 저평가되었다 해도 미래를 담보하기 어렵다. 최근 수년간 증권주의 움직임이 그것을 증명한다. 미래 사업 모델의 성장 가능성을 예측하기란 매우 어렵다. 그러나 미래를 위한 비즈니스 모델을 개발하고 발전시켜 나가는 일은 꼭 필요하다.

저평가된 비즈니스 모델을 찾는 또 다른 방법으로는 고객의 소비 패턴의 변화를 보는 것이다. 예전에는 게임기하면 소니의 플레이스테이션처럼 별도 기기에 의한 게임이 주였지만 이제는 대량 보급된 스마트폰에 의한 저가 게임 앱(어플리케이션)이 발달했다. 물론 별도 기기의 게임이 더 재미있지만 소비자는 소소하게 시간을 때우는 데 비싼 게임기에 비용을 지불하기보다 저가의 스마트폰 게임을 선호한다.

이러한 변화와 이에 상응하는 새로운 비즈니스 모델에 대한 이해와 통찰력이 필요한 시대가 되었다. 과거에는 일반투자자의 관심에서 소외되어 숫자상으로 저평가된 주식을 발굴하는 가치투자가 가능했지만 이제는 숫자로 나타난 평가 이면에 어떠한 급격한 변화가 반영되어 있는지를 읽어내지 못하면 싼 주식의 함정에 빠질 수 있다. 저평가되어 싼 주식이 나중에는 회사의 수익이 줄어 진정한

B급 주식이 되는 낭패를 겪을 수도 있다. 어느 주식이 싸게 거래된다면 예전보다 더 다각도로 왜 그런지 이유를 찾아야 한다.

기업 간의 경쟁도 점차 다양해지고 있다. 닌텐도가 나이키의 경쟁자가 되는 시대에 더 창의적이고 경험에서 우러나오는 통찰력을 갖고 있지 못하다면 저평가된 비즈니스 모델을 찾는 일은 요원할 것이다.

투자할 종목의 범위를 정하라

기관투자자에게 좋은 주식을 추천해도 그들은 종목 풀에 들어 있지 않은 종목이라 투자할 수 없다는 이야기를 하곤 한다. 그들의 종목 풀은 엄격한 기준과 여러 과정을 거쳐 1년에 한두 번 정도 바뀌는데 종목 풀에 든 종목은 보통 몇 십 개에서 백 개 정도이다. 이렇게 정한 종목 풀 내에서 매매하면 기업에 대해 꾸준하게 관심을 유지할 수 있고, 분석을 하는 데도 유리하다. 헤지펀드도 내부적으로 매매할 대상을 정해 놓는 경우가 많다. 외환을 매매한다면 내부 가이드라인을 정해서 15개 국가의 주요 외환을 대상으로 한다든가, 배당을 노린 이벤트드리븐이라면 과거 실적상 배당성향이 높았던 주식군을 리스트업한다든가 하는 식이다.

이에 비해 개인투자자는 상장된 천여 개의 주식 전체를 종목 풀로 본다. 잘 알지 못하는 종목이라도 갑자기 눈에 띄면 그때서야 조사를 한다. 기업에 대한 집중도나 지식, 정보 면에서 떨어질 수밖에 없다. 기관투자자보다 모든 면에서 투자 여건이 부족한 개인투자자가 매매할 종목 풀도 정해 놓지 않은 채 투자를 해서 잘되기는 매우 어려울 것이다.

종목 풀은 어떻게 짜야 할까? 포트폴리오식으로 투자한다면 몇 종목까지 투자를 할지 정하는 것도 중요한 기준일 수 있다. 한두 종목에 집중투자를 할 수도 있고 많은 주식을 백화점처럼 보유할 수도 있다. 개인은 투자기관과 달리 몇 종목에 집중투자가 가능하고, 집중투자를 하는 쪽이 아무래도 관리하기 쉬우니 이러한 면을 살리는 게 좋다고 하는 전문가도 있다.

필자는 최소 3~5종목을 투자하길 권한다. 자신만의 매매 기준에 맞는 여러 주식을 보유한다면 운의 영역 즉, 불확실성을 줄일 수 있기 때문이다. 투자의 성과는 노력 더하기 운이고 운의 영역은 분산할수록 위험이 줄어든다.

집중투자 할지 분산투자 할지를 판단하는 것 역시 투자자로서의 성향과 여건에 달려 있다. 많은 종목군 중에서 한 가지 종목에만 투자할 수 있는 여건이라면, 파악이 잘되는 기업에 한해 집중투자를 할 수 있다. 그러나 아무리 기업을 잘 파악할 수 있어도 불필요한 위험을 떠안고 싶지 않다면 되도록 몇몇 종목에 투자하여 분산하는 것이 좋다.

이 기준은 투자금액 규모와도 관련이 있다. 투자 규모가 절대적으로 작다면 두 종목에 분산하는 것도 어려울 수 있을 것이다. 그러나 만약 투자 규모가 어느 정도 된다면 자신의 투자방식이나 대상 주가의 수준을 고려해서 종목 수를 늘려 갈 수 있을 것이다. 하지만 주식 종목수가 열 개 이상으로 너무 많으면 개인투자자로서 관리가 안 될 수 있다는 점을 염두에 두자.

얼마나 길게 보고 투자할 것인가

투자 기간도 미리 정해야 한다. 데이트레이딩이 가능한 투자자에게 한 주식을 1년 동안 보유하라고 한다면 불가능한 일일 것이다. 활동량이 많은 투자자 중에 주식을 6개월 이상 보유하는 예는 현실적으로 드물다. 하지만 성공적인 투자자는 주식을 보다 긴 기간 보유하는 예가 많다. 투자 여건상 장기(3년 이상), 중기(1~3년), 단기(1년 미만)에서 어떤 기간의 전략을 쓸지에 대한 기준을 먼저 잡는 것이 좋다.

데이트레이딩을 한다면 하루를 연구해서 다음날 매매를 하겠지만 어닝서프라이즈 주식earning surprise(실적호전주, 예상보다 실적이 잘 나온 기업주식, 반대는 어닝디서포인트먼트earning disappointment)은 분기나 반기를 보유할 생각으로 연구를 하고 조사를 한 뒤 투자해야 하고, 1년을 보유할 주식이라면 그에 비례하는 기간 동안 연구를 한 후에 사야 한다. 그래야 성공하거나 시장이 불안할 때도 주식을 갖고 버텨낼 저력이 생긴다. 이에 대한 소신을 가지려면 과거 다른 주식의 장기간에 걸친 실적을 연구하여 투자의 식견을 키워야 한다.

대부분의 개인투자자는 주식이 오르면 빨리 팔아서 빠지고, 내리면 그대로 들고 있다가 바닥까지 따라가는 경향이 많다. 그래서 작은 수익과 큰 손해를 반복하다 보면 조금이라도 이익이 날 때 빨리 팔고 싶어 하는 마음이 더욱 강해진다. 그 주식이 5년 후 초우량주로 성장할지도 모르는데 말이다.

따라서 먼저 어느 정도의 기간을 보고 투자할지를 정해야 한다. 지켜지기만 하면 장기투자 종목과 단기매매 종목으로 나누는 것도 한 방법일 수 있다. 이 방법의 위험요소는 단기가 잘될 때 장기투자 주식까지 몽땅 털어서 단기매매에 집중투자하여 리스크를 키울 수 있다는 것이다.

플랜 B를 만들어라

향후 시장에 영향을 미칠 만한 재료들을 조사, 분석하고 그에 대한 대응 방안 즉, 매매 플랜을 미리 짜서 예측 가능한 매매를 해야한다. 최초에 생각한 전략을 그 상황이 발생했을 때 유감없이 실행하는 것이 관건이다.

계속 주가가 상승하거나 주가가 전혀 미동이 없을 때도 유지할수 있어야 한다. 주가가 얼마만큼 올랐을 때 혹은 내렸을 때를 가정해서 매매 시나리오를 미리 짜 놓는 것도 한 방법이다. 주가는 오르면 오를수록 더 오를 것 같고 떨어지면 떨어질수록 더 내려갈 것 같은 착각을 하게 되기 때문이다. 주가뿐 아니라 실적 호전주의 결과에 따라 결정을 내리는 것도 좋은 방법이다. 대폭 호전인지, 호전되지만 실망스러운지에 따라 매매를 결정할 수 있다.

그 밖에 이런 기준을 갖고 주식을 투자하더라도 더 나은 조건으로 기준을 만족하는 주식이 나오면 교체 매매를 할지에 대한 기준도 만들어 놓아야 한다. 자신의 투자 기준에 적합한 포트폴리오를 유지하는 방법을 정하는 것이다. 이렇게 미리 정해 놓으면 나중에 상황에 따라 투자 패턴을 바꾸는 상황을 줄일 수 있다.

매매 플랜을 실행할 때는 시장의 변화를 받아들이는 태도도 중요하다. 자칫 한정된 정보 안에서 자신이 원하는 방향으로 시장의 흐름을 해석하려고 할 수 있기 때문이다.

얼마 전 필자는 커피숍에서 친구와 커피를 마시고 있었다. 기업 인사담당 임원인 친구는 요즘 신입사원들은 다른 곳에서 월급을 조금만 더 제시하면 쉽게 회사를 떠난다는 세상 한탄을 늘어놓았다. 그러다 보니 요즘 젊은 세대들에 대한 비판적인 이야기를 하게 되었다. 이때 때마침 남녀 고등학생 둘이 같은 색과 무늬의 티셔츠를 입고 창문 밖을 지나가고 있었다. 필자는 친구에게 "아니, 요즘은 고등학생들도 커플티를 입고 다니네. 참 세상에……" 하며 혀를 찼다. 그러나 이는 나의 성급한 비판이었음이 곧 드러났다. 이어 지나가는 모든 학생이 두 학생과 똑같은 티셔츠를 입고 있었던 것이다. 내가 커플티로 착각했던 옷은 학교 체육복이었다.

만약 그 전에 우리가 커피를 마시며 젊은이에 대한 비판만 하지 않았어도 그리 쉽게 체육복을 커플티로 단정하진 않았을 것이다. 일상에서 이 정도의 착각은 그냥 웃어넘기고 말면 된다. 하지만 실제 투자에서 이런 착각을 하면 그야말로 치명적인 손실로 이어질 수 있다.

어떤 정보든 호재로 판단하는 투자자가 있다고 하자. 만약 당국이 금리를 인상한다는 뉴스를 접했다면 "그만큼 경기가 좋아서 금리를 올렸다는 뜻이니 주가에는 긍정적이야"라고 받아들인다. 금리를 인하했다는 발표에도 "금리도 내렸으니 이제부터 경기가 더 좋아지겠군"이라며 전혀 상반된 재료에 대해 모두 긍정적으로 해석한다.

환율이 상승하면(가치가 하락하면) 수출기업의 채산성이 좋아지니 주식시장의 호재로 판단하고, 환율 하락(가치상승) 소식을 접하면 우리나라 경제의 기초 체력이 그만큼 강화되었다는 쪽으로 해석한다. 또 국제 유가가 상승하면 세계경제가 잘 돌아간다는 신호로 받아들이고, 유가가 하락하면 기업의 원가부담이 줄어든 것이니 역시 호재로 생각한다. 중국증시가 폭락해도 중국에 투자했던 외국자금이 우리 주식시장으로 흘러 들어 좋고, 중국증시가 폭등해도 중국 수출 비중이 높은 수출기업들이 수혜를 입으니 좋다. 이처럼 어떤 상반된 재료가 생겨도 이 투자자는 그의 염원인 주가 상승의 재료로 해석한다.

이러한 가정이 극단적이라고 생각할 수 있다. 하지만 부지불식간에 자신에게 긍정적인 방향으로 해석하려던 경험은 누구에게나 있을 것이다. 이처럼 자신의 결정을 합리화하는 방향으로만 상황을 판단하는 것은 바람직하지 않다. 시장의 변화에 소신을 갖고 자신의 투자방식을 검증해야 하지만, 보완할 부분이나 수정할 부분이 있으면 받아들이고 업그레이드하려는 자세가 필요하다.

투자하기 전, 다시 한 번 확인할 것들 ────────── ★

❶ 기업의 자료를 충분히 파악했는가?

투자 기준의 백미는 펀더멘털한 요소를 여러 개 넣는 것이다. 재무제
표상의 지표에서 기준을 잡을 때 이미 발표된 숫자나 비율도 쓰지만 대
부분 앞으로의 실적, 부채비율, 자기자본이익률 등의 예상수치를 쓴다.
사실 기관투자자나 외국기관투자자, 애널리스트는 기업의 미래 주가를
읽는 대신, 미래 실적을 읽는 일에 목숨을 걸다시피 한다. 그들은 미래
실적의 기대감이 주가에 그대로 반영된다는 점을 알고 있기 때문이다.

❷ 미래를 읽을 수 있다는 자신감으로 무모한 투자를 하지 않는가?

주식시장의 향방이나 저점, 고점을 알면 큰돈을 벌 수 있다. 그러나
앞에 나온 전설적인 투자가조차 주식시장의 미래를 정확히 예측해서 성
공했다는 이야기는 없다. 또한 이들 대부분은 연평균 수익률 10~20퍼
센트대의, 어떻게 보면 조촐한 성적을 보인다.

그러면 이렇게 묻는 투자자가 있다. "내가 아는 모 인터넷 고수는 1년에 수천 퍼센트의 수익을 냈는데 그것은 어떻게 해석합니까?" 실제로 그런 투자자가 있을 수 있다. 그러나 자세히 들여다보면 단기적으로만 일어난 일이라는 사실을 알 수 있다. 그것은 로또에도 당첨되는 사람이 있듯 운이 좋은 사람이라고 생각하면 된다. 그가 다년간 그런 수익을 냈다면 전설의 대가로 인정하지 않을 수 없을 것이다.

❸ 매매 시점을 정할 때도 투자 기준을 적용했는가?

투자 기준을 정한다는 것은 매매 시기가 저절로 나오게 하는 것이고, 기준을 만든 투자자는 그것을 따라야 한다. 언제 사고 언제 팔아야 하는지가 정확히 나올수록 좋은 투자 기준이라 할 수 있다.

❹ 내가 잘 알고 관심 있는 분야의 종목인가?

종목을 선정하는 기준을 정했다면 주식시장 내에서 투자 기준에 맞는 종목군 즉, 종목 풀을 찾아야 한다. 그리고 종목 풀에 든 종목에 항상 관심을 갖고 긴 시간을 관찰하면 충동적인 투자나 뒷북투자는 피할 수 있다. 무엇보다 내가 잘 접할 수 있는, 평소에 관심 있었던 주식과 업종에 국한하는 것도 나만의 경쟁력을 키울 수 있는 전략이다.

무조건 대표 종목이나 지금 뜨는 종목에서 파생한 종목에 관심을 두고 종목 풀을 짜는 것은 뛰는 토끼를 잡으러 다니는 꼴이 된다.

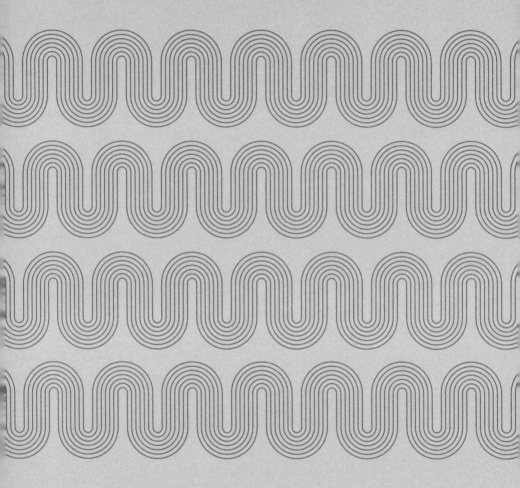

7장

꾸준히 실행하고
검증하라, 반드시

시장의 숫자에서 매매시점을 찾아라

평균주가

투자를 하다 보면 개인투자자가 가장 쉽게 걸려드는 함정이 주가가 많이 상승한 후에 뛰어들어 주식을 사는 것이다. 이때는 의외로 주가의 상승 기조가 건조하기 때문에 많은 투자자가 단기로 보고 들어온다. 그런데 이런 상승 뒤에는 기조를 깨는 갑작스런 폭락이 이어지게 마련이어서 결국은 큰 손해를 보게 된다.

따라서 최근 몇 달간 혹은 1~2년간 평균주가 대비 얼마 이상 상승했으면 투자를 하지 않겠다는 룰을 가져야 한다. 이동평균선이란 예를 들어, 5일 이동평균선은 지난 5일간의 주가 평균을, 20일

이동평균선은 20일간의 주가 평균을 연결한 선이며, 20일 이동평균선이 5일 이동평균선에 비해 보다 중기적인 주가의 움직임을 알수 있다. 영업일 기준이므로 5일 이동평균선은 일주일간, 20일 선은 대략 한 달간, 60일 선은 3개월, 120일 선은 6개월의 주가 평균을 의미한다고 볼 수 있다. 어떤 투자자는 120일 선은 장기간의 주가 움직임인 만큼 현재의 경기상태를 의미하고 60일 선은 주가의 수급을, 20일 선은 심리 그리고 5일 선은 단기매매의 기회를 제공한다고 하는데 정확하지는 않아도 참고해볼 만하다.

장기적으로 주가 상승이 적었던 종목은 하락세에도 덜 하락할 수 있다. '추락하는 것은 날개가 있다'라는 소설 제목도 있듯이 크게 하락하는 종목은 그만큼 큰 폭으로 상승한 종목일 가능성이 있다. 그런 면에서 장기적으로 이동평균선에 비해 이격이 없는(상승이 덜한) 주식은 안전하다고 볼 수 있다. 시장이 일정한 업종이나 테마주에 의해 편중된 상황에서 테마주가 나의 종목 풀에 들어 있지 않다면 주가 변동폭이 크지 않아 답답할 수 있지만 적어도 위험은 피할 수 있다.

어떤 주식의 이동평균선이 상승 추세에 있으면 그 주식을 보유하고 하향하기 시작하면 매도한다는 기준도 가능하다. 장기적으로 상승하는 주식은 지속적으로 자기 자리를 찾기 위해 상승한다는 점을 이용한 전략이다. 코스피나 업종 지수의 장기 이동평균선이 상승할 때는 투자를 하고 상승세에서 하락세로 전환하면 주식을 모두 팔고 관망하는 투자방식을 쓰는 투자자도 본 적이 있는데 이것도 검증이 된다면 투자 기준으로 훌륭하다.

손실제한선 stop loss

손실제한선이란 주식 매입가의 몇 퍼센트가 하락하면 손절매할 것인지를 정한 기준이다. 투자자가 가장 많이 사용하는 기준 중 하나로, 몇 퍼센트로 정할지는 단기적인 시장의 상황을 보며 조정한다. 만약 10퍼센트를 기준으로 손절매를 하겠다고 정했지만 주가가 자주 10퍼센트 이상의 구간을 오락가락한다면 이 전략은 매번 10퍼센트씩 손해를 볼 가능성이 높다. 그런 양상을 분석하고 현재 시세로 피드백하며 손절률을 조정하는 과정이 필요하다.

하지만 시시때때로 다른 손절률을 정하거나 매번 예외 조항을 즉흥적으로 만들지 않도록 주의해야 한다. 의외로 지키기 어려운 것이 손실제한선 기준이다. 주식시장이 일주일 사이에 급락을 할 때면 손실제한선을 낮춰 큰 손해를 보는 투자자가 속출한다. 주가가 급락했기 때문에 내일이면 다시 급반등하지 않을까 하는 기대감 때문이다.

　반대로 주가가 얼마까지 오르면 매도할 것인지를 정하는 것도 중요하다. 상승률 개념도 좋지만 코스피지수 대비 상승률이 낮다면 저성과종목 자체적으로 상승세라 할지라도 매도하는 것이 상승률에 매이지 않는 방법이다.

　만약 단기투자를 하지 않고 3개월 이상 보유하는 전략이라면 이 기준은 제외하는 것이 좋다. 이는 주로 단기매매 기준에 해당하기 때문이다. 그보다는 투자 기간을 길게 잡는 투자자는 미리 목표 주가를 정하고 그 가격대가 되면 매도를 하는 방법이 있다. 대부분 증권사의 리서치 자료에 목표 가격이 명시되어 있는 경우가 많으므로 이를 참고하는 것도 좋을 것이다.

주가의 연속 하락

　과거 베어스턴스의 CEO였던 에이스 그린버그Ace Greenberg는 어떤 종목의 주가가 5일 연속으로 떨어지면 해당 종목을 팔아야 한다고 했다. 이유인 즉 주가가 5일 연속으로 떨어졌다는 것은 회사에 무슨 문제가 있다는 것을 의미한다는 것이다. 많은 기관투자자가 과점하고 있어 기관화된 주식시장에서 기업에 본질적인 문제가 있다면 기관투자자는 보유한 주식을 몇 날이 걸리더라도 팔아 버리는 행태를 보인다는 것이다. 국내 주식시장은 기관투자자의 비중이 아직 그 정도로 많지는 않다. 다만 외국인투자자가 글로벌 포트폴리오 안에 한국 주식을 보유할 경우 소수의 종목만 대량으로 보유하는 경우가 많기 때문에 한 번 팔기 시작하면 계속 파는 행태를 보일 수 있다.

이 기준을 뒤집어 보면 '주가의 5일 연속 하락'도 의미가 있을 수 있지만 '외국인(기관)의 5일 연속 순매도(혹은 순매수)'와 같은 기준도 의미가 있지 않을 까. 8,90년대 큰손 광화문 곰 등의 움직임을 사람들이 화두로 삼고 '어느 주식을 대량으로 샀다더라 혹은 팔았다더라' 했지만 이제는 기관투자자나 외국기관투자자의 매매 동향이나 패턴을 봐야 한다. 이는 단기적인 수급을 의미하기도 하고 중장기적인 펀더멘털을 의미하기도 하기 때문에 그에 맞는 매매 기회를 제공한다.

이벤트를 투자의 기회로 만들어라

📈

헤지펀드의 이벤트드리븐 전략을 응용하여 유상증자나 주식공개상장IPO, M&A 같은 이벤트가 일어났을 때의 단기적인 주가 변동의 기회를 매매 기준으로 삼을 수 있다. 이 전략의 기본 전제는 단기적으로 주가는 동일 이벤트에 비슷한 패턴을 유지한다는 것이다. 그러나 많은 사람이 전략을 알게 되고 따라하게 되면 더 이상의 투자 메리트가 발생하지 않는다. 이는 마치 부동산경매를 통해 싸게 아파트를 산 사람이 늘어나자 이것을 알게 된 많은 사람들이 경쟁적으로 경매에 참여해서 결국 아파트값이 올라 버리는 현상과 같다. 때문에 장기적으로는 변동 패턴이 다르게 나타날 수도 있다.

이벤트로 적용 가능한 아이디어는 여러 가지가 있는데 우선 배당 시기이다. 요즘 배당만을 보고 주식투자를 하는 사람은 드물지만 지금같이 저금리 시대에 배당은 매력적인 요소이다. 헤지펀드 전략 중 이벤트드리븐에서도 언급했듯이 배당 전후를 투자 기회로 삼는 것도 한 방법일 수 있다. 무엇보다 과거 사례나 현재 흐름을 보아가며 적용해야 한다. 펀드 중에 고배당펀드라는 장르가 오랜 기간 인기를 끄는 이유가 있을 것이다. 고배당펀드는 배당을 많이 주는 주식위주로 투자하는 펀드이다.

시가총액 부분에서도 언급했듯이 국내기관투자자나 외국기관투자자가 살 수 있을 정도로 시가총액이 커지는 종목이나 기관투자자가 허들로 여기는 시가총액 기준을 넘어설 것 같은 주식을 공략하는 것도 한 방법이다. 이와 유사한 개념으로 국제 주요 주식시장 지수에 어떤 주식의 편입 전후를 매매 타이밍으로 보는 것도 가능하고 M&A가 거론되는 회사의 주가에 대한 중기적인 움직임을 포착하여 투자 기회로 삼는 것도 가능하다. 이 방법은 정보를 사전에 파악하기 어렵기 때문에 할 수 있는 것이 제한적으로 보이지만 찾기에 따라서는 얼마든지 가능하다.

다만 이러한 방법이 유효하더라도 다른 투자자가 따라 하기 시작하면 그 괴리가 줄어들어 더 이상 매력적인 기회가 아니게 된다. 중요한 것은 시장의 상황에 따라 변할 수 있다는 점이다. 매매시점을 정하는 것은 다분히 시장의 요소를 매매에 적용하는 방법을 터득하는 것이다. 투자를 하고 어느 정도 손실을 보면 정리를 한다든지 그동안 매매되던 주가의 범위를 최근 며칠 만에 너무 벗어나서 주가가 불안해지면 매수를 미룬다든지 하는 테크니컬한 것들이다. 좋은 주식을 선택하는 기준을 가지고 있어도 시장은 항상 변화한다. 단기적으로 특이한 움직임이 포착된다면 더 효과적으로 대응할 필요가 있다. 최근 한두 달 간의 거래가 중 낮은 가격으로 살 수 있다면, 또는 높은 가격으로 팔 수 있다면 그 정도로 만족할 수 있어야 한다.

이런 단기적인 대응은 사실 매우 어렵다. 증권회사의 트레이더들이 이런 매매를 하는데, 제일 잘한다고 뽑은 그들의 성적도 언제나 썩 좋지는 않다. 개인투자자 중에 다른 기준은 무시한 채 이런 단기매매 요인만 보고 투자하는 투자자도 많다. 흔히 동물적인 감각이라고 하지만 설명할 수 없으니 그런 표현을 쓰는 것으로 밖에 생각할 수 없다. 이런 요소들로 매매시점을 정하는 것은 투자의 양념이 될 수 있지만 주가 될 수는 없다.

결국 좋은 주식은 오른다

앞서 이벤트를 이용한 단기투자를 소개했지만 무엇보다 주식투자의 핵심은 좋은 주식은 오르고 나쁜 주식은 떨어진다는 것이다. 그러니까 장기적으로 좋아질 회사의 주식에 투자하면 되는 것이다. 이와 같이 쉬운 원칙도 없지만 지키기 어려운 원칙도 없다.

좋은 주식을 고르기 위해서는 먼저 절대적으로 좋은 주식과 상대적으로 좋은 주식을 구분할 줄 알아야 한다. 절대적으로 좋은 주식은 회사의 가치보다 싸게 거래되는 경우이다. 현재 회사가 보유한 자산에서 부채를 뺀 순자산이 현재의 시가총액보다 큰 주식이 한 예이다. 반면, 상대적으로 좋은 주식이란 회사의 성장성, 수익성이 다른 주식과 비교했을 때 상대적으로 저평가된 주식이다.

여러분이 장기투자를 한다면 필시 이 믿음을 시험받는 시기가 몇 번은 찾아온다. 내가 투자한 주식이 결국은 기업의 경영권에 소외된 채 단지 숫자놀음에 불과한 게 아닌가 하는 회의감도 생길 수 있다. 배당은 얼마되지도 않고 배당 시기에 맞춰 보유한 주식의 가격이 하락하는 배당락이 되면 이익도 크게 느껴지지 않는다.

주식시장이나 경기가 형편없이 하락해 안 좋은 시기도 겪을 것이다. 피터 린치가 얘기했듯이 "우리 모두 먹고 살기 위해 사냥이라도 해야 될 것 같은 시기"도 온다. 그러나 그때가 정확히 경기의 바닥 즉, 주가의 바닥일 가능성이 높다. 그런 때일수록 좋은 주식은 결국 오른다는 믿음을 가지고 투자에 나서야 한다. 확실한 것은 좋은

기업의 주가는 결국 오르기 때문에 활성화된 것이 바로 주식시장인

것이다.

위험은 피하는 것이 아닌 관리하는 것

강세장과 약세장을 영어로는 불마켓^{bull market}과 베어마켓^{bear market}이라고 한다. 황소는 상대방을 공격할 때 아래에서 위로 뿔을 치받으며 공격하고 곰은 서서 상대방을 향해 발을 내리치며 공격하기 때문에 이처럼 비유하게 되었다고 한다.

그럼 언제가 불마켓이고 언제가 베어마켓일까? 강세장, 약세장이란 말을 쓴 지도 오래 되었지만 사실 이들의 정확한 정의도 모르고 써 왔던 것은 아닐까? 백과사전 어디를 봐도 단어의 뜻은 있지만 구체적인 기준은 없다. 우선 대체적으로 강세장, 약세장을 구분할 때의 일반적인 상황을 살펴보자.

① 장기 이동평균선(예를 들어, 6개월인 120일이동평균선)이 상향하는가, 하향하는가를 통해 장을 구분한다.

② 일반적으로 강세장에는 주도주와 주도 업종이 있고, 주도주는 보통 대형주일 가능성이 높다.

③ 약세장은 개별 종목장세일 수 있으나 지수가 하락할 때는 어느 업종도 상승하기 어려울 때가 많다. 오히려 보합세(변동이 미미한 장세)일 때 개별 종목장세가 나타날 가능성이 높다.

④ 주식과 경제, 산업에 관한 개별 재료가 주가에 그때그때 반영이 잘되면 강세장이고 그렇지 못하면 약세장이다.

투자를 하기에는 강세장이 좋을 거라고 생각하는 투자자가 많다. 그러나 수익을 내기 제일 좋은 장세는 강세장과 약세장이 거듭될 때이다. 그래야 주가가 많이 떨어져 저평가된 주식도 나오고 너무 올라 팔아야 하는 주식도 나온다. 또한 오랜 기간 강세장이라면 모두 벌지만 강세장과 약세장이 번갈아 온다면 프로만 번다. 상반된 장세에서 나오는 기회를 잘 이용하기 때문이다.

강세장에서의 리스크 관리

강세장에서 가장 큰 리스크는 투자를 하지 않는 것이다. 같은 말이지만 투자했다가 너무 일찍 빠져나오는 것도 문제가 된다. 또한 지수가 상승하는 장세에 너무 작은 종목이나 구체적인 재료에 의해 움직이는 주식에 집중하는 것은 리스크 요인이 된다. 이런 상황을 가정하여 투자방식에 적용해 본다면 좋을 것이다.

보통 강세장은 코스피 상승보다 더 수익을 내기 어렵다. 펀드매니저들이 가장 싫어하는 장세가 자고 일어나면 코스피가 상승하는 강세장이다. 이런 강세장에는 주도주군이 있다. 물론 매니저가 주도주를 보유하고 있겠지만 어느 정도 분산을 해야 하기 때문에 시장보다 더 성과를 내는 것은 불가능에 가깝다. 따라서 이런 강세장에서는 시간에 너무 연연하지 말고 자신의 기준에 맞는 종목을 보유하며 기다리는 것이 좋다. 어느 업종의 상승이 끝나면 순환매로 다른 주식으로의 상승이 이어지기 때문이다.

약세장에서의 리스크 관리

약세장에서는 항상 현금을 일정 금액 이상 보유하는 것이 중요하다. 주가가 하락할 가능성이 높을 때 손해를 줄이고 주가가 하락한 후에는 새로 투자할 여력을 가져야 하기 때문이다. 하지만 전액 현금으로 보유하고 있으면 투자에 대한 회의론이 엄습하기 쉽다. 주가가 더 떨어질 것이라는 전망이 예언처럼 들린다. 이는 자신의 입장을 두둔하는 방향으로 사고를 하게 되는 일종의 심리적 오류이다.

리언 페스팅어Leon Festinger라는 미국의 심리학자가 종말론을 믿는 사이비 종교 단체에 몰래 들어가 그들을 관찰했다. 그들이 믿었던 최후의 날이 막상 닥쳤지만 지구가 멸망하지 않자, 그들은 자신들의 종교가 허구임을 인정하는 대신 "우리의 기도로 지구를 구했다"라고 해석했다고 한다. 이렇게 투자자는 주식을 팔고 현금 위주로만 보유하면 장세를 부정적으로 보는 시각에 빠진 나머지 다음 기회를 놓칠 수 있다. 물론 주식만 보유하고 있으면 언제든 주가가 오르리라는 유혹에 빠지기도 한다.

또한 전액 현금으로 보유하고 있는데 시장이 별 움직임이 없다면 시장이나 주식을 연구하는 집중도가 떨어지기 마련이다. 항상 최소한의 투자를 하며 관심을 갖는 것이 약세장의 기회를 잡고 리스크를 줄이는 일이다.

금액이 크지 않은 개인투자자는 주로 전액 투자하거나 전액 현금화하는 경우가 많다. 그래도 장세에 따라, 장세의 요인에 따라 몇 퍼센트의 자산을 주식에 투자하고 몇 퍼센트를 현금으로 가지고 있을지 고려하는 것이 프로투자자의 자세이다. 강세장에서든 약세장에서든 언제든지 20~30퍼센트는 순간 하락할 수 있고 그때 투자할 수 있으려면 현금이 확보되어 있어야 한다.

급등락의 파도를 이겨내는 법

투자를 하다 보면 여러 가지 돌발 재료에 의해 시장이 급등과 급락을 하는 경우가 있다. 최근 몇 년간의 예를 보자면, 일본 대지진, 북한 연평도 도발, 천안함 침몰, 북한 핵실험, 메르스 사태, 차이나 쇼크, 별 의미도 없었던 일본의 대한 수출규제, 코로나19사태 등 수도 없이 많은 악재가 터졌다. 그러나 반대로 돌발 호재가 언뜻 생각나지 않은 것을 보면 시장은 돌발 악재에 더 민감하게 반응하는지도 모른다.

주식투자의 실행 단계에서는 무엇보다 장세에 따른 위험을 어떻게 관리할 것이며, 갑작스런 외부충격에 의한 주식시장의 출렁거림에 어떻게 대응하느냐가 승패의 관건이 된다. 장세를 판단하고 리스크 관리를 하는 것은 어느 정도 기술적인 면이 필요하지만 꼭 익혀야 한다. 지금 내가 딛고 있는 땅이 꺼지고 있는 중인지 솟아오르고 있는 중인지 정도는 알고 그때그때 적절히 대응할 수 있어야 한다.

돌발 악재를 유심히 보면 일본 대지진처럼 말 그대로 돌발 상황인 것이 있고 서브프라임모기지 사태나 남유럽 재정위기처럼 계속 예기되어 오다 마침내 곪아 터지는 것이 있다. 이 중에서 후자가 바로 주식시장에서 '몇 월 위기설'이라는 이름으로 계속 경고음을 울리는 것이다. 때문에 이러한 악재는 투자자가 어느 정도 마음의 준비가 된 상태이므로 막상 뚜껑이 열린 후에 주가가 폭락하는 예가 많지 않다.

갑작스런 악재는 대부분 단기로 끝났다는 것도 생각해볼 만한 점이다. 그럼에도 막상 단기 악재가 터지면 순간적으로 엄청난 위기론이 대두되는 것이 일반적인 현상이다. 이때 같이 놀라서 손을 놓고 있거나 발을 빼 버리면 좋은 기회를 놓치는 꼴이 된다.

따라서 어떤 상황에서도 유연한 사고를 갖는 것이 중요한데 만약 그것이 어렵다면 되도록 좋아 보이는 주식도 악재가 나오면 조금 줄여 보고 안 좋게 보던 주식도 호재가 나오면 조금 따라 매수해 보는 것도 다양한 관점의 균형을 갖는 데 도움이 될 것이다. 실제로 겪어보지 않고 상상하는 것만으로는 상황이 잘 이해가 되지 않기 때문이다. 고레카와 긴조는 자신이 보유한 주식이 너무 좋아 보일 때를 경계해야 한다고 했다. 좋아 보일 때는 아깝더라도 보유한 주식의 일부를 시장에 내다 판다는 것이다. 그리고 나서 곰곰이 생각해 보면 그 주식을 판 사람의 관점이 되어 비로소 균형감 있는 사고를 갖게 된다는 것이다.

유행에 휩쓸리지 마라

나만의 투자방식을 개발하고 그것을 검증한 후 투자를 하여도 시시각각 변화하는 주식시장에서 투자자의 마음은 계속 흔들리기 마련이다. 다행히 투자방식이 잘 먹혀 순조롭게 수익을 낼 수도 있지만 거의 대부분 자신의 투자방식을 테스트하는 기간을 가져야 한다. 때론 자신의 투자방식에 좌절하고 후회할 수도 있다. 길게는 2~3년간 주식시장에서 별 성과를 못 볼 수도 있다.

앞서 닷컴 버블기에 IT주식에 참여하지 않은 전설적인 투자가들의 이야기를 했다. 그들은 태연히 인터넷 주식의 터무니없는 가격 움직임을 인정할 수 없다고 했지만 속으로 얼마나 많은 번민과 좌절의 시간을 보냈을까. 남들은 투자한 주식이 자고 나면 오르는

데 자신이 보유한 굴뚝주들은 전혀 미동도 하지 않고 오히려 하락하고 있다면 말이다. 결국 닷컴 버블은 형편없이 꺼져 버렸지만 그 전까지 그들의 마음은 쉴 새 없이 흔들렸을 것이다.

주식시장의 공황 상태에서 어떻게 대응하느냐도 중요하다. 한국의 주식시장은 3~4년에 한 번씩 돌발 악재가 터지곤 한다. 이때 사고의 유연성을 발휘해 투자방식을 바꾸느냐 아니면 그대로 밀고 가느냐의 갈림길에서는 누구라도 답답할 수밖에 없을 것이다. 물론 자신의 투자방식이 완벽할 수 없다. 약간의 조정이나 새로운 기준의 편입으로 꾸준히 업그레이드해야 한다. 이 과정에서 필요한 것은 결국 좋은 기업의 주가는 올라간다는 믿음과 이게 내가 할 수 있는 최선이라는 소신이다.

꾸준한 경험과 검증으로
신뢰를 쌓아라

오래 전 인맥관리 차원에서 가끔 나가던 저녁 모임이 있었다. 그 중에는 금융을 전혀 모르는 벤처나 엔지니어 출신의 기업인이 몇몇 있었다. 반면 M&A 사업을 하는지 그런 계통의 고급 정보를 많이 갖고 있는 이도 있었다. M&A시장에서는 기업이 매매 물건으로 나오므로 그 내용만 들어보아도 해당 기업의 주가 움직임이 보이는 것 같았을 것이다. 언제부턴가 M&A 소식에 밝은 이를 중심으로 소곤대는 장면이 종종 눈에 띄었다. 무언가 정보를 주고받는 것 같았다.

그 무리 중 한 명에게서 나중에 들은 이야기지만 처음에 그 무리에서 이야기한 종목이 순식간에 몇 십 퍼센트나 상승했다고 한다. 그는 주식투자가 처음이라 자신이 없어 투자금액을 너무 적게 했더니 큰 재미를 보지 못했다. 두 번째에는 후회하지 않으려고 베팅을 늘렸더니 큰 이익을 봤다. 이러니 주식이 쉽고 돈이 눈에 보인다는 생각이 들지 않겠는 가. 자신감을 얻은 그는 다음 투자 때는 돈을 빌려서까지 풀 베팅을 했다. 하지만 아니나 다를까 전체 주식시장이 폭락했고 시장이 나빠지니 M&A도 재료가 되지 못했다. 결국은 그는 이익은 고사하고 큰 손해를 보고 말았다. 당시는 M&A가 시장에서 테마주로 잠시 효과가 있었을 때였던 것이다. 이렇게 남이 시키는 대로 하는 투자는 실패의 지름길이다. 투자에서의 성공은 노력과 운이 더해져 만들어진다. 확실한 것은 없다. 일반투자자가 큰 손해를 보는 흔한 유형이다.

투자방식을 정하더라도 내가 진정으로 신뢰할 수 있어야 내 것이 된다. 인터넷이나 서적을 들춰 보면 외국의 대가나 국내 고수의 방법을 흔히 찾을 수 있다. 그 방법이 그의 투자 철학과 맞고 당시 시장에서는 효과적이었을지라도 현재 국내 주식시장의 실정과 맞지 않을 수도 있다.

그래도 그 중에서 우리 실정에 맞는 방법만을 추려서 실행해 본다면 어떨까? 만약 그렇게 투자를 했는데 상승세에서도 내가 보유한 주식들만 오르지 않는다면 어떤 생각이 들까. "이 전략은 아닌 거 같아. 그 시대나 통하는 이야기였지. 내가 보기에 그 투자자는 운이 좋아서 수익을 낼 수 있었던 거야. 전략이 좋았던 것은 아닌 것 같아"라고 단정 지을 수 있다. 마치 남이 믿는 종교를 내가 믿어 보려고 했지만 확신을 갖지 못하는 것과 같다. 자신이 직접 검증해 보지 않았기 때문이다. 그러니 당연히 고수의 투자방식이더라도 신뢰할 수 없고 그대로 따라할 수가 없는 것이다.

시황이 약간 다른 것뿐 아니라 엄청난 경제위기와 대형 악재와 이유 없는 폭락을 겪을 수도 있다. 이때마다 나의 전략에 의심을 가지면 일관된 투자를 할 수 없다. 좋은 기회일 수 있었던 때에도 기회를 날리고 만다.

나의 투자방식을 신뢰하는 것이 중요하다. 이를 위해서는 우선 나의 생활패턴과 배경지식 등의 투자 여건에 맞추어 투자방식과 그에 따른 매매 기준을 정해야 한다. 그리고 나의 방식대로 모의 투자를 해 보며 검증하고 보완하는 것을 반복해야 한다. 과거의 주가 데이터가 있다면 시뮬레이션해 보는 것도 시간을 줄이는 방법이다. 다만 어떤 장세에는 잘 맞고 어떤 장세에서는 틀리다고 하기보다는 좀 더 긴 기간 동안 주가 움직임에 적용할 수 있어야 한다. 단기간 맞는 전략을 쓰는 것은 월별 장세에 대응해 보겠다는 것과 동일하다. 뛰는 토끼를 잡으며 매일 시세의 움직임에 맞추겠다는 것과도 별반 다르지 않다.

만약 여러분이 증권회사의 직원과 상담해서 투자한다면 투자를 시작하기 전에 그와 함께 자신이 할 수 있는 투자방식에 대한 의견을 주고받을 수도 있다. 내가 원하는 투자방식은 이런데 직원의 생각은 어떤 지, 투자방식이 괜찮다면 그 기준에 맞는 주식을 찾아줄 수 있는지 물어보라. 이런 과정을 거치지 않는다면 직원들은 자신의 방식으로만 투자를 권할지도 모르고 그것이 그의 일반적인 고객에게는 맞을지 모르지만 여러분에게 맞을지는 미지수이기 때문이다.

자신이 연구해서 투자방식을 개발할 수 없다면, 그래서 종목을 선택하거나 매도를 결정하지 못하겠다면 직접투자 대신 펀드투자가 현명하다. 주식형 펀드투자가 코스피 움직임과 비교하면 변별력이 없어 보이지만 수많은 직접투자자보다는 펀드투자자의 수익이 평균적으로 훨씬 낫다는 것을 간과하면 안 된다. 펀드 매니저는 규정상 거의 대부분을 주식으로 보유해야 하기 때문에 마켓 타이밍을 덜 보는 대신 전문가로서 훌륭한 포트폴리오를 구성하는 능력은 탁월하다.

우리가 흔히 아는 적립식 주식형 펀드투자 같은 경우도 하나의 전략이라고 볼 수 있다. 개별 종목에 투자하는 것이 현실적으로 어렵고 전문 펀드 매니저보다 수익률이 높을 자신이 없다면 전문가에게 맡기면 된다. 어떻게 보면 지나치게 안일해 보이는 투자방식일 수도 있지만 주식시장이 장기적으로 상승했다는 점과 그 속에서 개인투자자는 그만큼 이익을 내지 못했다는 점을 돌이켜 보면 이만한 전략이 없다. 앞에도 나왔지만 적립식 펀드 계좌가 많을 때는 1500만 계좌를 상회하기도 했고, 2008년 글로벌 금융위기를 거치면서도 대부분의 계좌에서 수익을 냈다고 한다.

결론적으로 나만의 투자방식이 없다면 투자를 하기 전에 만들어야 한다. 시간이 많이 소요되고 만들고 나서도 이것을 충분히 검증하여 어느 정도 확신을 갖고 내 것으로 느낄 때까지 많은 노력이 필요하다. 하지만 이렇게 꾸준히 자신만의 투자방식을 만들고 검증하고 수정해 나가면서 발전시키다 보면 IMF나 글로벌 금융위기 같은 대형 위기가 닥쳐도 다른 개인투자자처럼 우왕좌왕하지 않고, 오히려 더욱 큰 수익을 내는 투자 기회를 잡을 수 있을 것이다.

투자방식을 흔드는 심리적 함정들

블루칩 위주의 주식만을 매매하던 투자자가 있었다. 그는 1970년대부터 주식투자를 해 온 베테랑 중의 베테랑이었다. 그야말로 산전수전을 다 겪은 내공에서 나온 투자방식은 '우량주 위주로 투자하면 시장에 위기가 와도 살아남을 수 있고 위기가 지나고 나면 기회는 반드시 온다'는 것이었다. 그리고 뭐니뭐니 해도 결국에는 우량주가 제일 투자 성과가 좋다는 것이 그의 지론이었다. 좋은 해에는 30~40퍼센트의 수익을 냈고, 안 좋은 해에도 손해를 보지 않았다. 우량주의 매매 시점을 잡는 데 확실히 그는 탁월한 안목과 오랜 경력에서 나온 노하우가 있었다.

어느 날 그는 특이한 영업을 하는 증권사 직원을 만나게 되었다. 거래하는 지점에 새로 전보되어 온 직원으로 선물투자를 하는 고액 고객 서너 명만 관리하였는데 매매 솜씨가 대단하였다. 처음에는 '저 사람들은 뭐하는 거지?' 정도로만 생각하던 그는 그 직원의 고객들이 한 달 동안에만 수십억의 수익을 냈다는 것을 듣고 깜짝 놀랐다. '아니, 나는 이렇게 밤새 연구하고 노력해서 기껏 한 해에 20~30퍼센트 정도 버는데 저 사람들은 장중에 잠시 단말기 두드리다 연 몇백 퍼센트를 쉽게 벌다니' 그는 번민하기 시작했다. 그렇다고 지금 매매방식을 싹 바꿔 선물옵션매매를 할 수도, 할 자신도 없었다.

그러던 그가 '그래, 내가 저런 식으로 투자할 순 없지. 나는 내 방식이 있잖아? 하지만 선물매매라는 것이 뭔 지는 알아보자'라며 선물투자에 손을 댔다. 그렇게 시작한 선물매매를 의외로 그도 잘하였다. 주식이나 선물이나 기본적인 것은 거의 같았기 때문이다. '그럼, 내가 이 시장에서만 30년 넘게 놀았는데' 하며 자신감을 갖게 된 그는 시간이 갈수록 베팅 규모를 키웠고 투자금 전액을 선물매매에 투자하게 되었다. 타이밍이 안 좋아 손해를 보기 시작하던 어느 날 대형 악재를 만나 원금의 절반을 날리고 다시 만회를 하려다 그나마 남은 돈마저 다 날리고 말았다. 그의 말에 의하면 마지막에 원금이 반 정도 남은 상태에서 깡통이 될 때까지는 기억도 나지 않는다고 한다. 정신없이 매매를 해댄 것이다. 베테랑 투자자조차 한 번의 잘못으로 그동안 번 돈과 원금을 다 날릴 수 있다.

가장 큰 문제는 나의 투자방식이 먹혀 들지 않을 때이다. 내가 투자한 주식은 전혀 오르지 않거나 오히려 주가가 하락하고 내가 전혀 생각하지 못한 주식들만 상승할 때 누구나 좌절할 수밖에 없다. 충분한 검증 기간을 거쳐 만든 방식이고 최악의 장세를 겪고 이겨왔어도 이제는 나의 투자방식이 현재의 바뀐 투자 패러다임에 안 맞는 것이 아닌가 하는 번민을 하게 된다. 그러고 나면 지금 장세에 맞는 잘 오르고 있는 주식 즉, 주도주에 맞추어 새로 전략을 전면 수정하게 된다. 기존의 검증한 방식 대신 현재의 장세에 맞춘 전략을 쓰게 되는 것이다.

이런 상황이 생길 수는 있다. 장세도 변하고 사람들의 생각도 바뀐다. 산업이나 투자 패러다임도 순간순간 바뀔 수 있다. 하지만 이런 일이 너무 자주 있고 투자방식을 통째로 현재의 상황에 맞춰 바꾼다면 이것은 장세에 끌려가는 일반투자자의 투자법과 전혀 다르지 않다. 이런 유혹에 끌려 들어가지 않기 위해서는 투자 철학을 가져야 한다. '돈만 벌면 최고지' 하는 생각으로는 매번 유혹에 끌려가게 된다. 테마주 장세에는 테마주에, 차화정 장세에는 차화정 주식을 매매하려고 한다면 뒷북투자를 면하기 어렵다. 많은 투자자가 성공하지 못하는 이유는 '돈만 벌면 최고지' 하는 생각 때문이다.

투자에서 지나친 자신감은 독이다 _____ ★

'워비곤 호수'는 미국의 풍자작가 개리슨 케일러가 라디오 드라마의 배경으로 만들어 낸 가상의 마을이다. 이 마을 여자들은 스스로 힘이 세다고 생각하고, 남자들은 다 잘 생겼다고 믿으며, 아이들은 자기가 평균 이상의 능력을 갖고 있다고 생각한다. 이렇게 남보다 능력이 뛰어나다고 막연하게 생각하는 현상을 워비곤 호수 효과Lake Wobegon effect라고 하는데 이런 경향은 누구나 갖고 있다. 자신이 타인보다 능력이 뛰어나고, 심성이 더 좋고, 행운도 많이 따른다고 생각하면 기분이 유쾌해지기 때문이다.

여러분이 세운 투자방식이 맞아 들어가고 투자가 잘될 때 꼭 염두에 두어야 할 것은 절대 나의 투자실력을 과대평가해선 안 된다는 것이다. 필자는 강연을 할 때마다 청중에게 물어본다. "여러분 중에서 자신이 비슷한 나이 또래와 같은 성별의 평균보다 자동차 운전을 못한다고 생각하는 사람은 손들어 보세요." 그러면 손을 드는 사람들은 얼마나 될 까.

필자의 경험으로는 보통 10퍼센트가 채 되지 않는다. 운전에 별로 관심이 없는 여성들도 손을 드는 비율이 15퍼센트가 안 된다. 적어도 30~40퍼센트의 사람이 평균보다 못한다고 답해야 정상인데도 말이다. 왜 이런 현상이 일어날까? 이는 어떤 일을 해도 내가 하면 당연히 잘할 것으로 믿는 일종의 근거 없는 낙관주의 때문이다. 사람들은 일상적으로 자기 과신 속에서 생활한다.

적당한 자신감은 인생에 꼭 필요하다. 어떤 일을 성취하는 데 동기부여도 되고, 할 수 없을 것 같던 일도 해내게 하는 동력이 된다. 운동경기에서도 자신감은 게임을 승리로 이끈다. 하지만 투자는 상대방이 없다는 점에서 운동경기와 다르다. 굳이 경쟁자라면 다른 투자자인데, 그들이 나의 자신만만한 기세에 눌려 투자를 못하는 것도 아니고, 그들이 못한다고 해서 나의 수익이 올라가는 것도 아니다. 그렇다고 주식시장이나 개별 주식시세가 경쟁 대상일 수도 없다. 결국 투자에서는 나의 위세에 눌려 나의 능력을 높이 사 줄 주체가 없다. 자신감이 투자할 때만큼은 별다른 도움이 안 되는 것이다.

처음 투자를 할 때는 누구나 '배워가면서 해야지'라는 겸손한 마음으로 시작한다. 그러다 시장이 좋아지면 웬만큼 투자자산의 가격이 오르고 뜻밖에 수익을 낸다. 이때 '내가 투자에 재능이 있나 봐'라며 자기 과신을 하기 시작한다. 투자하는 것마다 수익이 나고 간혹 투자에 실패해도 그 원인을 알게 되면 마치 내가 '투자 전문가'가 된 것 같은 착각에 빠진다. 내가 투자 전문가라면 투자에 적극적이지 않을 이유가 없다. 투자 규모를 늘리거나 돈을 빌려서 하기도 한다. 심지어 주변 친지의 돈을 맡아서 관리하기도 한다.

지금 내가 이런 상황이 아닌지 점검해 보자. 투자가 잘될 때일수록 초심으로 돌아가 되짚어 보아야 한다. 혹시 몇 번의 투자 성공으로 자만한 나머지 스스로를 '투자 전문가'로 생각하는 것은 아닌지 말이다.

왜 원칙투자인가

이상으로 주식투자를 하는 방법을 나름 제시해 보았다.

"투자 한번 하기 이렇게 어려워서 어떻게 하겠느냐."
"더 쉬운 방법을 가르쳐 달라."
"그냥 유망한 주식을 찾는 법을 알려 달라."

이렇게 말하는 독자도 있을 것이다. 하지만 경제 법칙상 원금을 가지고 확실하게 버는 방법은 이 세상에 은행 이자밖에 없다는 것을 감안하면 그 이상의 성과를 내는 일은 힘들 수밖에 없다. 그마

저도 손해를 감수해야 수익을 낼 수 있는 방법뿐이다. 마이더스의 손처럼 끊임없이 은행 정기예금 이자보다 높은 투자수익을 내는 것은 기적에 가까운 일이다.

그럼에도 우리가 주식투자에 관심을 가져야 하는 이유를 몇 가지 이야기하고자 한다. 우선 매매 시스템이 쉽고 편리하다는 점이다. 주식이나 부동산 이외에 일반인들이 투자할 대상은 많지 않다. 굳이 들자면 미술품이나 골동품, 골프장 회원권 등이 있다. 그러나 일반적이지 않고 미술품이나 골동품 같은 경우, 매매 시스템이 있지만 쉽게 사고팔 수 있는 효율적인 시장이라고 보기는 어렵다.

직접 사업을 하는 것과 비교해 봐도, 사업을 시작하자마자 부닥치는 엄청나게 많은 일과 직원 관리, 세금 문제 등은 여간 복잡한 것이 아니다. 하지만 주식투자는 세금, 매매 시스템 모두 간단하다. 내가 얼마를 벌었는지, 세금을 얼마나 내야 할지, 어떻게 하면 조금이라도 절세를 할 수 있을지, 좋은 직원들을 어떻게 찾아 채용할지, 직원들에게 보너스를 얼마나 줘야 할지 고민할 필요가 없다.

둘째로 부동산투자에 비해 유동성이 좋다. 평소에도 비상시를 대비하여 유동화해서 현금으로 금방 바꿀 수 있는 자산을 일부분 꼭 보유해야 한다. 사업은 잘했지만 유동성 위기 때문에 망한 기업의 사례가 많듯이 개인 역시 유동성이 나빠지면 파산 아닌 파산의 위기를 겪을 수 있기 때문이다. 최근에는 은행권에서 부동산 담보 대출에도 제한을 두는 추세임을 감안하면 쉽게 현금화할 수 있는 점은 주식투자의 큰 장점이라고 할 수 있다.

셋째로 한국 주식시장의 미래가 밝다는 것이다. 주식시장은 과거의 예를 보면 연평균 10퍼센트 전후의 상승을 보여 왔다. 물론 과거가 미래에도 되풀이된다고 장담할 수는 없고 저성장시대가 되면 더 낮아지겠지만 그래도 주식투자는 어떤 투자 대상보다 매력적이다. 왜냐하면 주식은 기업에 투자하는 것으로, 기업은 스스로 수익을 만들기 위해 활동한다. 물론 기업 중에는 수익을 잘 내는 곳도 있고 형편없이 못하는 곳도 있지만 살아있는 유형적인 존재로서 기업은 돈을 버는 행위를 한다. 그래서 우리는 돈을 벌기 위해 투자를 하는 동시에 기업의 이익 활동에 도움을 줄 수 있다. 이는 주식투자가 모든 투자의 가장 상위에 위치함을 이야기한다. 즉, 주식에 투자함으로써 기업을 도울 수 있을 뿐 아니라 그 이익을 함께 나눈다는 것을 뜻한다.

부동산투자의 경우 정부 정책이나 그 밖의 인위적인 외부요인에 좌우되는 면이 많은 데 비해 주식은 그런 것이 상당히 적은 것 또한 장점이다. 주식이 변화무쌍한 시세와 그것에 영향을 미치는 많은 요인 때문에 어려워 보이기는 하지만 오히려 충실히 모든 요인들이 주가에 잘 반영된다. 다만 주식투자에는 여러 유혹과 그에 따르는 난관과 많은 지식이 필요하다.

이 책은 주식투자를 하는 분들이 선택했을 것이다. 일차적으로 그분들에게 도움이 되었으면 한다. 또한 투자를 아직 하고 있지 않지만 미래를 위해 주식투자에 대해 알고 싶은 분들도 준비하는 차원에서 보았으면 한다. 지금은 주식이나 주식형 펀드에 투자하지 않아도 어느 정도 재산을 모았다면 미래에 주식투자를 할 가능성이 높다. 그때를 대비해 먼저 주식시장과 그 안에서 살아가는 투자자들을 이해하는 데 이 책이 유용하게 쓰였으면 한다. 적어도 준비하지 않고 주식시장에 뛰어들어 주식투자가 인생의 도움이 되기보다 어려움이 되는 일은 없었으면 하는 바람이다.

무엇을 하든지 기본이 되는 원칙을 많은 사람이 강조하는 것은, 그것을 충실히 이행했을 때 큰 위력을 발휘하기 때문이다. 이러한 진리가 필자가 이 책에서 원칙투자를 강조했던 이유이며 이 책을 집필하게 된 이유이다.